グローバル経済

栗原 裕 著

晃洋書房

はじめに

　私たちの生活にとって，貿易が不可欠であることは言うまでもない．食料品，家電製品，機械，自動車などさまざまな輸入品を目にする機会が日常茶飯事だ．世界の景気や為替レート，株価や金利，原油価格の変動が，貿易，ひいては私たちの生活全般に大きな影響を及ぼしている．

　1990年代初頭から，日本は未曾有の不況を経験した．1980年代にあれほど強かった日本の経済はどうなったのか．外国から非難された貿易黒字も，一転して赤字が発生した．

　貿易に関する協定に関しては，WTOに加え，EPA，FTAなど，多くの協定の交渉，締結が進展している．一方，TPP協定案は日本では承認され，関連法案も国会で可決されたが，米国ではトランプ新政権が誕生して，新大統領はTPP離脱の大統領令に署名した．欧州では市場・通貨統合という壮大な試みが実現したが，2016年6月にはいわゆるブレキジット（Brexit）があり，英国の国民は僅差ながらもEUからの離脱を選択した．成長著しかったアジアも一方的に成長することはなさそうだ．このように，国際経済情勢は絶えず変貌している．そして，グローバル化，ボーダレス化，フラット化，市場至上主義といった自由を賛美する動きに対して，ネガティブな動きが起こっているのは事実のようだ．本書では，こうした現象や問題を理解するための基礎理論の修得と，国際経済に関わる諸問題の理解を目標とする．

　大学では，就職を目指す学生に加え，研究者志望の学生や社会人，留学生，キャリアアップや自己研鑽（けんさん）を目指す社会人，主婦，高齢者も増加し，学生の構成は多様化している．さらに，高齢化社会の到来，終身雇用制や年功序列制廃止の進行，定着，「働き方改革」が話題になるなど，人々の考え方や生き方が変化しつつあることも，大学教育の背景として無視できなくなっている．

　筆者は，どちらかと言うと，理論的，計量的な分析手法に重きを置いたスタンスをとってきた．理論的に物事を分析し考察することは経済学の分野に限定せずとも重要であり，現在，多くの大学では専門知識を提供することにウェートが置かれつつある．それを否定するつもりはないが，合理的な意思決定を行

う判断力を持ち，多様化する経済・社会における現実の課題を理解できる，知識の応用・実践力，複合的な視野，分析力，想像力，主体的に学ぶ力を備えられるよう，配慮したつもりである．

　説明については，難解な数式を用いることを極力控えた．しかし，精緻な形で経済現象の証明をするためには，数学の利用は不可欠である．本書では図表を用いることで，直感的な理解を求めることにウェートを置いた．詳しい数式については他書を参考にしていただきたい．また，ミクロ経済学，マクロ経済学の勉強が不可欠であるが，『経済学・宣言』（学文社）とあわせて勉強すると，効果があがるはずである．さらに，金融面については，『グローバル金融』（晃洋書房）を用いて学んでいただきたい．同書は国内の金融への理解も進むよう工夫されている．

　大学院生で研究者を志望する人など，より専門的な勉強をするには，本書だけでは不十分である．より進んだ学習ができるよう巻末に参考文献を記載した．

　最後に，この本の作成にあたり，晃洋書房山本博子氏には，多くのご助力をいただいた．記して感謝を申し上げる．

2017（平成29）年10月

栗原　裕（ゆたか）

目　次

はじめに

第1章　日本の貿易構造 ………………………………………… *1*
　1-1　戦後日本の高度成長と貿易構造　(*1*)
　1-2　貿易構造の変化　(*4*)
　1-3　近年の貿易状況　(*7*)

第2章　需要曲線と供給曲線 …………………………………… 8
　2-1　需要曲線 (demand curve)　(*8*)
　2-2　供給曲線 (supply curve)　(*12*)
　2-3　市場の均衡　(*17*)

第3章　国際貿易の基礎理論 …………………………………… *19*
　3-1　貿易はなぜ起こるか　(*19*)
　3-2　リカードー (Ricardo) の比較生産費説　(*23*)
　3-3　相対価格を考慮した貿易パターン　(*26*)
　3-4　ヘクシャー・オリーンの理論　(*27*)
　3-5　要素価格の国際間均等化　(*29*)
　3-6　貿易の三角形　(*30*)
　3-7　国際貿易に関するその他の代表的な理論　(*33*)
　3-8　経済成長と貿易　(*36*)

第4章　不完全競争市場と貿易 ………………………………… 38
　4-1　独占と貿易　(*38*)
　4-2　価格差別化と貿易　(*40*)

第5章　貿易取引のしくみ ……………………………………… 43

第6章　貿易政策 …… 46
- 6-1　貿易政策とは　(46)
- 6-2　貿易政策の理論的分析　(47)

第7章　不完全競争市場と貿易政策 …… 56
- 7-1　独占と輸入関税　(56)
- 7-2　独占と輸入数量制限　(56)
- 7-3　寡占（oligopoly）市場と貿易政策　(58)

第8章　国際貿易体制の新潮流と日本 …… 64
- 8-1　GATT（ガット）とは　(64)
- 8-2　ウルグアイ・ラウンド　(65)
- 8-3　WTO（World Trade Organization）の誕生　(66)
- 8-4　WTOの課題とTPP　(68)

第9章　直接投資と多国籍企業 …… 70
- 9-1　直接投資とは　(70)
- 9-2　直接投資の理論　(71)
- 9-3　直接投資の現状　(72)

第10章　食と生活 …… 75
- 10-1　日本の食料問題　(75)
- 10-2　農業をめぐる問題　(76)
- 10-3　これからの農業政策　(76)

第11章　米国経済の動向 …… 78
- 11-1　連邦準備理事会　(78)
- 11-2　ボルカー時代の経済政策　(78)
- 11-3　グリーンスパン時代の経済政策　(79)
- 11-4　バーナンキ時代の経済政策　(81)
- 11-5　イエレン時代の経済政策　(83)

目　次　v

第12章　欧州経済の動向 ……………………………………………… 85
　12-1　EUの成立　(85)
　12-2　市場統合への動き　(85)
　12-3　通　貨　統　合　(87)
　12-4　ユーロ導入と今後　(89)

第13章　アジア経済の動向 …………………………………………… 91
　13-1　アジア発展の動機　(91)
　13-2　アジア通貨危機　(93)
　13-3　通貨危機後の推移　(95)
　13-4　中国・新興国経済の現状　(96)

第14章　日本経済の動向 ……………………………………………… 99
　14-1　バブルの発生　(99)
　14-2　バブルの崩壊　(99)
　14-3　未曾有の不況　(100)
　14-4　リーマンショック後の日本経済　(102)

第15章　為替レートの決定と決定要因 ……………………………… 104
　15-1　購買力平価説　(104)
　15-2　マネタリー・アプローチ　(104)
　15-3　カバー付き金利平価とカバーなし金利平価　(106)
　15-4　ポートフォリオ・バランス・アプローチ　(107)
　15-5　為替レートの動向　(107)

第16章　国　際　収　支 ………………………………………………… 109
　16-1　国際収支 (balance of payment) とは　(109)
　16-2　弾力性 (elasticity) アプローチ　(111)
　16-3　国際収支の動向　(113)

第17章　オープン・マクロ経済学（開放マクロ経済学）……………… 115
　　17-1　開放経済下の金融政策と財政政策　(115)
　　17-2　IS・LM分析　(116)

数 学 補 論　(127)
さらに進んだ学びのために　(129)
索　　引　(131)

第1章
日本の貿易構造

1-1 戦後日本の高度成長と貿易構造

　日本経済は，2017年現在，成長へ向けた確実な道筋が見えていない．しかし，日本より生活水準が低い国をあげようとすれば，世界の多くの国がそれに該当する．日本が，依然として高い生活水準を維持しているのは事実である．そのきっかけとなったのが，1950年代半ばに起こった経済成長であろう．日本は，戦後の荒廃期から立ち直り，高度成長期を経て世界でも有数の経済大国になった．

　豊かさを表す指標は一概に絶対的なものがあるとは言えないが，経済学では一般に，国民1人当たりのGDP (Gross Domesitc Product) をあげることが多い．GDPとは国内総生産のことで一定期間（例えば1年間）に生産された財やサービスの合計金額（付加価値）を指す．日本の国民1人当たりのGDPは，1980年には世界17位であったが，1988年には3位に上昇した．しかし2000年の3位から落ち始め，2016年には22位（2015年は26位）である．ちなみに2016年の1位はルクセンブルクで，以下，スイス，ノルウェーである（ドルベース）．

　なぜ日本は相対的に高い経済状況を享受するに至ったのか．日本の高度成長の原因として大きく2つをあげることができる．1つは貯蓄率の高さで，もう1つは国際貿易の拡大である．

　① 貯蓄率の高さ

　現在の貯蓄率がゼロに近い値であるのに対し (2013年は0.2%，2014年は－0.8%)，成長期の貯蓄率は非常に高いものであった．日本の貯蓄率の変遷は，表1-1のとおりである．この高い貯蓄率が活発な設備投資の源泉となった．ちなみに貯蓄率とは，可処分所得 (disposable income) に占める貯蓄の割合である．可処分所得とは，個人所得のうち，自由に使える部分である．具体的には，給与，利子などの所得から，税金，社会保険料，借入金利子などを支払った残

表1-1 日本の家計貯蓄率

(単位：％)

	1960年	1970年	1980年	1990年	2000年	2010年	2015年
貯蓄率	14.5	20.3	17.3	13.9	8.6	3.7	0.3

出所）内閣府「国民経済計算年報」．

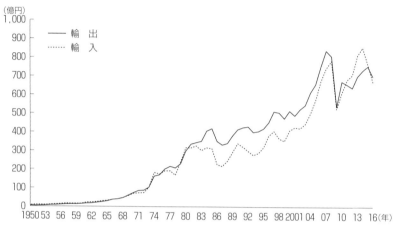

図1-1 日本の輸出入

出所）大蔵省・財務省「貿易統計」各年版．

りを示す．政府によるインフラ整備により，生産活動が効果的，効率的になったこともあげられる．こうした社会資本の整備や労働者の産業間の移動は，さらなる投資を生むことになった．

② 国際貿易（international trade）の拡大

貿易高は世界各国で拡大したが，日本もその例外ではなかった．図1-1は輸出入の金額の推移である．指数的な増加を示している．

次に，表1-2は日本の輸入（import），表1-3は輸出（export）の変遷である．以下，これらの表をもとに日本の貿易構造の変化を概説する．

原材料を輸入し，繊維製品など軽工業品を輸出することが，1950年代から1960年代にかけての貿易の主態であった．軽工業品は一般に，資本よりも労働をより多く使う，労働集約財（labor intensive goods）に分類されるが，当時の日本は諸外国に比して低賃金であったことが利用された．輸出品の例外は船舶であった．船舶は軽工業品ではないが，1955年の時点で既に世界一の受注量に

第1章 日本の貿易構造　3

表1-2　日本の輸入上位10品目の変遷

順位	1960年	1970年	1980年	1990年	2000年	2015年
第1位	原油・粗油	原油・粗油	原油・粗油	原油・粗油	原油・粗油	原油・粗油
第2位	綿花	木材	液化ガス	石油製品	事務用機器	液化天然ガス
第3位	羊毛	鉄鉱石	石油製品	木材	電子部品・デバイス	衣類・同付属品
第4位	鉄鉱くず	非鉄金属鉱	石炭	液化ガス	魚介類	半導体等電子部品
第5位	鉄鉱石	石炭	木材	自動車	石油ガス類	通信機
第6位	小麦	石油製品	鉄鉱石	石炭	衣類（上着等）	医薬品
第7位	木材	銅・同合金	液化ガス	事務用機器	科学光学機器	石炭
第8位	非鉄金属鉱	綿花	有機化合物	アルミニウム・同合金	衣類（ニット類）	電算機類
第9位	生ゴム	大豆	非鉄金属鉱	有機化合物	有機化合物	石油製品
第10位	砂糖	羊毛	アルミニウム・同合金	非鉄金属鉱	自動車	非鉄金属

出所）大蔵省・財務省「貿易統計」各年版.

表1-3　日本の輸出上位10品目の変遷

順位	1960年	1970年	1980年	1990年	2000年	2015年
第1位	綿織物	音響機器	自動車	自動車	自動車	自動車
第2位	船舶	汎用鋼板	音響機器	事務用機器	電子部品・デバイス	半導体等電子部品
第3位	衣類	船舶	汎用鋼材	電子部品・デバイス	事務用機器	鉄鋼
第4位	汎用鋼板	自動車	管・管用継手	映像機器	科学光学機器	自動車の部分品
第5位	ラジオ受信機	合成繊維織物	船舶	科学光学機器	自動車部品	原動機
第6位	スフ織物	管・管用継手	科学光学機器	自動車部品	原動機	プラスチック
第7位	缶詰・瓶詰魚介類	科学光学機器	織物類	原動機	電気回路	科学光学機器
第8位	自動車	織物用糸	二輪自動車・同部品	汎用鋼材	映像機器	有機化合物
第9位	玩具・遊戯用具	二輪自動車・同部品	原動機	音響機器	有機化合物	電気回路等の機器
第10位	陶磁器	有機化合物	電子管等	通信機	船舶	電気計測機器

出所）大蔵省・財務省「貿易統計」各年版.

なっていた.鉄鋼の高炉や石油プラントが1950年代,1960年代に続々と建設され,内需拡大のために投資された.外国からの安価な原材料の輸入ができ,1970年代以降の重工業化へ繋がった.

また,GATT(後にWTO:後述)・IMF(International Monetary Fund)といった制度の構築がなされたのも,この時期であった.前者は,工業製品に輸入数量制限をなくすなどして貿易の拡大を促進させ,後者は,金融面の安定を実現することで貿易の進展に貢献した.

1970年代に入ると自動車,家電(カラーテレビなど)の輸出が目立つようになった.この原因には,労働力不足に伴う賃金の上昇により,資本集約財(capital intensive goods)の生産が有利になったこと,政府も輸入制限などでそれに応えたことが考えられる.この頃から日本の集中豪雨的な輸出が指摘されるようになった.良質,安価な製品の輸入は輸入国の消費者にはメリットとなることが多いものの,企業や労働者にとってはマイナスの影響を及ぼすことがある.日本企業は外国,特に米国からの批判をかわすため,輸出自主規制(voluntary export restraint),現地生産,ローカルコンテンツ(local contents:現地で部品を調達)などを実施した.

鉄鋼,造船,化学工業などの重工業も発展した.ところが,1973年,1979年に二度起きた石油ショック(oil shock)は,原油やエネルギー価格の高騰により,マイナスの影響を及ぼした.日本の輸出は,自動車,家電など,エネルギーをあまり消費しない組立型の産業が中心になっていく.このころまでに,エネルギーは石炭から輸入による石油に依存する状況がつくられていた.

一方,輸入には大きな変化は発生しなかった.むろん,金額は増加を続けた.

1-2 貿易構造の変化

1980年代以降には,どのような動きが起こったのだろうか.

A. 全般的な特徴

全般的な特徴としては,規模が大きく拡大したことである(図1-1).日本の貿易取引は,指数的に増加した.

日本をはじめ,多くの国では貿易はなくてはならないものになっている.それを表す指標として,貿易依存度がある.多くの場合,輸出ないしは輸入の対GDP比率で表される.日本を含む各国の貿易依存度を表1-4に示す.日本の

表1-4　主要国の貿易依存度（2014年）
(単位：%)

国名	輸出依存度		輸入依存度	
	2011年	2014年	2011年	2014年
日　本	13.9	14.9	14.5	17.6
韓　国	46.2	40.6	43.6	37.3
中　国	25.3	22.6	23.3	18.9
米　国	9.5	9.4	14.6	13.9
カナダ	26.0	26.3	26.8	26.9
英　国	19.1	16.2	24.9	22.5
イタリア	23.0	24.6	24.5	21.9
スペイン	20.0	22.7	24.3	25.0
ドイツ	39.4	39.1	33.5	31.5
フランス	20.5	20.0	24.9	23.5
ロシア	26.9	26.5	18.3	23.5

出所）総務省「世界の統計」．

値が他国と比べてやや低いという印象があるかもしれない．一般に国が経済的に発展すると，貿易依存度は下がる．

B．輸出構造の変化

　資本集約財の輸出が増加した．資本集約財とは労働集約財に対する言葉で，具体的には，機械，電子部品，輸送機器などを指す．日本では，自動車，電子部品などの輸出が増加した．1970年代に開始された加工組立型製品の輸出が中心であることに変化はないが，それに加えて，半導体に代表される先端技術産業の製品輸出が拡大した．輸出先としては，アジアの割合が増加し，その傾向は今日に至るまで続いている．アジアの割合の増加要因としては，アジアの経済発展・政治的安定，高機能かつ低価格商品の開発などもあるが，日本企業の生産拠点の移転をあげることもできる．なお，1980年代に入っても，集中的な輸出による外国との摩擦は絶えなかった．特に，自動車，半導体の輸出が問題になった．

　表1-5は日本の貿易相手国（経済圏）別の輸出金額とシェアである．

C．輸入構造の変化

　製品輸入が増加したこと，アジアの割合が増加したことがその特徴である．輸入の増加にはアジアへ進出した日本企業からの輸入も含まれている．1985年

表1-5　日本の輸出相手国（地域）の推移

(単位：億円)

年		1990	2000	2010	2015
輸出総額		414,569	516,541	673,996	756,139
米国		130,566 (31.5%)	153,559 (29.7%)	103,740 (15.4%)	152,246 (20.1%)
EU		77,338 (18.7%)	84,319 (16.3%)	76,158 (11.3%)	79,851 (10.6%)
アジア	中国	8,835 (2.1%)	32,744 (6.3%)	130,855 (19.4%)	132,233 (17.5%)
	ASEAN	47,543 (11.5%)	73,812 (14.3%)	98,817 (14.7%)	114,949 (15.2%)
	その他	67,463 (16.3%)	105,986 (20.5%)	148,602 (22.0%)	156,105 (20.6%)

出所）JETRO．（　）は総額に対する構成比．

表1-6　日本の輸入相手国（地域）の推移

(単位：億円)

年		1990	2000	2010	2015
輸入総額		338,522	409,384	607,649	784,055
米国		75,860 (22.4%)	77,789 (19.0%)	59,114 (9.7%)	80,598 (10.3%)
EU		50,707 (15.0%)	50,429 (12.3%)	58,210 (9.6%)	86,249 (11.0%)
アジア	中国	17,298 (5.1%)	59,413 (14.5%)	134,130 (22.0%)	194,288 (24.8%)
	ASEAN	42,068 (12.4%)	64,238 (15.7%)	88,444 (14.6%)	118,432 (15.1%)
	その他	37,965 (11.2%)	46,975 (11.5%)	52,537 (8.6%)	70,864 (9.0%)

出所）JETRO．（　）は総額に対する構成比．

のプラザ合意（Plaza Accord）をきっかけに円高（yen appreciation）が進んだこと，それにより生産拠点の海外，特にアジアへの進出が進んだこと，さらに消費者の低価格指向が起こったことなどが要因である．アジア各国の賃金の低さも企業の進出を促進した動機になった．日本企業のアジア諸国を中心とした生産拠点の進出，移転は産業の「空洞化」という言葉を生んだ．

　表1-6は日本の貿易相手国（経済圏）別の輸入金額とシェアである．

D．サービス貿易の拡大

　サービス貿易とは，運輸，通信，旅行，金融・保険などを指す．日本は世界

有数の赤字国であった．その要因としては，海外旅行の増加，特許権の支払いの増加をあげることができる．海外旅行の増加には，趨勢的な円高も関係していた．

1-3　近年の貿易状況

近年では，輸入は部品などいわゆる中間財の増加がより顕著になったが，アジアについては，衣類など，最終財の輸入が依然として多い．輸出は米国向けの自動車を除けば，やはり半導体など中間財が増加している．その多くはアジア諸国向けである．

2009年1月には経常収支（current account）が13年ぶりに赤字になった．2012，2013，2014年にも月次データで赤字になるケースが散見される（2015，2016年はいずれも黒字）．世界的な景気悪化のため，日本製品の輸出が減少していた．しかし，世界経済の回復，円安により輸出がわずかに増加，輸入が原油価格の停滞により内需拡大の動きほどには増加せず，貿易赤字が縮小，サービス収支は特許等使用料の受取増，外国人旅行者の増加による旅行収支の黒字拡大により赤字が縮小，第一次所得収支は海外直接投資先からの配当受取増により黒字が拡大している．なお，2016年の経常収支は，原油安，輸入の減少もあり，大幅な黒字となった．

第2章
需要曲線と供給曲線

2-1 需要曲線 (demand curve)

第2章はミクロ経済学の一部を扱うことになる（第17章で扱う理論の一部はマクロ経済学に分類される）．

最初に学ぶのは無差別曲線 (indifference curve) である．消費者が消費から得られる満足の度合いを効用 (utility) と呼ぶが，同じ効用をもたらす財の組み合わせ（以下の例では衣料と食料）が無差別曲線である．図2-1で，無差別曲線 C_1 では衣料 C_a 個，食料 f_a 個の組み合わせの A 点と，衣料 C_b 個，食料 f_b 個の組み合わせの B 点の満足度が同じことを示している．

無差別曲線は一般に右下がりになる．効用が同じであるためには，一方の財の消費量が増えれば，同じ満足度になるためには，他方は減るからである．ま

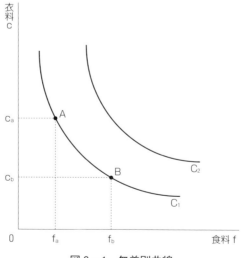

図2-1 無差別曲線

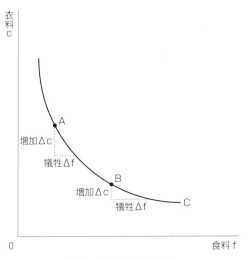

図2-2 無差別曲線

た，財（衣料および食料）が多いほど満足度は高くなるので，原点より遠い無差別曲線 C_2 は C_1 より効用が大きくなる．

無差別曲線の傾きは限界代替率（marginal rate of substitution）と呼ばれる．限界代替率とは，一方の財の消費を1単位増加させたとき，同一水準の効用を保つ場合，犠牲にしなければならない他方の財の消費を表す．図2-2では代表的な無差別曲線で，限界代替率は $-\Delta c/\Delta f$ である．衣料が多く食料が少ない A 点では，食料は希少品であり価値が高いので，食料を Δf 増やすために犠牲にする衣料の量 Δc は多くなる．また，衣料が少なく食料が多い B 点では，食料は満ち足りており価値が低いので，食料を Δf 増やすために犠牲にする衣料の量 Δc は少なくなり，一方の財の消費が多いほど，他方の財で計った価値は下がる．

次に予算制約線（budget constrained line）を考える．予算制約線とは一定の予算制約を表す線である．例えば，食料の価格が500円，衣料の価格が2000円，予算が10000円あるとして，食料の個数を x，衣料の個数を y とするとき，予算制約式は $500x+2000y=10000$ $\left(あるいは\ y=-\dfrac{1}{4}x+5\right)$ になる．傾き（絶対値）$=\dfrac{1}{4}$ が価格比 500/2000 になっていることに注意していただきたい．

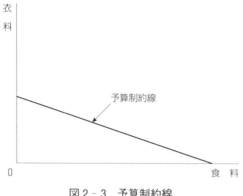

図2-3 予算制約線

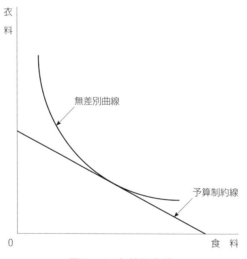

図2-4 無差別曲線

このように，予算制約線は，各財の消費量を縦軸，横軸にとると，図2-3のように右下がりの直線になる．消費者が選択できる財の組み合わせは，予算制約線と両軸で囲まれた三角形の範囲となり，予算を最大に使用する線上の点が選択されることになる．

消費者は予算の制約と財価格の条件下で最大の効用が得られるよう行動する．すなわち，原点より最も遠い無差別曲線上の点でかつ予算制約線上の点である点で消費を決定する．それは，無差別曲線と予算制約線が接する点になる．そ

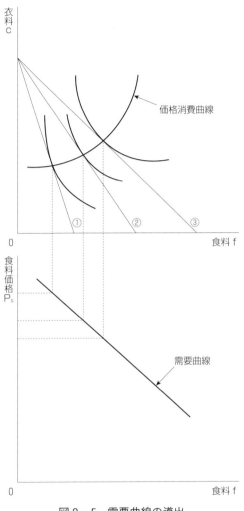

図2-5 需要曲線の導出

こでは，無差別曲線の傾きの絶対値である限界代替率と，予算制約線の傾きの絶対値が等しくなっている．図2-4がその状況を表している．

[問題]

2財X，Yの消費量をx, y，効用関数を$u=u(x, y)=x \cdot y$とする．この個人

の予算は200で,当初XとYの価格はともに20とする.ここでX財の価格が18,Y財の価格が8に変化したとき,効用水準を価格の変化前と同じにするには,予算をどれだけ変化させればよいか.

[解答]
新旧の予算制約線は $20x+20y=200$ と $18x+8y=z$ (z は予算).それぞれの直線の傾斜を無差別曲線の傾き $\left(-\dfrac{y}{x}\right)$ と等しくおくと,旧予算制約式より,$x=5$,$y=5$,$u=25$.新予算制約式で $x=10/3$,$y=15/2$ が得られ,予算は120になるので,正解は80(減少).

価格の変化が発生すれば,需要が変化することは直感的に理解できるはずである.以下,その関係を導いていく.

図2-5で,食料の価格が下落すると予算制約線が①→②→③のように変化する.予算制約線の傾きは緩やかになり,衣料の軸との切片は変化しない.それぞれの価格に応じた最適な消費の組み合わせは,前節で学んだように,予算制約線と無差別曲線の接点として求められる.それらの点を結んだ曲線が価格消費曲線と呼ばれる.そして縦軸に食料の価格をとって図を書き直すと需要曲線を導くことができる.

2-2 供給曲線 (supply curve)

消費者行動の次は生産者である.まず,費用の問題から説明する.生産者に課される費用の合計を総費用(TC: total cost)と呼ぶ.これを生産量 y の関数,$TC(y)$ と表現することにする.$TC(y)$ は TC が y に影響されることを意味する.この総費用は,通常,生産量と関係ない固定費用(FC: fixed cost)と生産量に依存して変化する可変費用(VC: variable cost)の2種類に分けられる.固定費用のイメージがわかないかもしれないが,生産活動のための土地やオフィスの賃貸料などを考えればよいだろう.

以下,代表的な費用とそれらの関係を図2-6により説明する.平均費用(AC: average cost)は $TC(y)/y$ で表される.同様に,生産物1単位あたりの可変費用と固定費用はそれぞれ,平均可変費用(AVC: average variable cost),平均固定費用(AFC: average fixed cost)と定義される.式で表すと $VC(y)/y$,

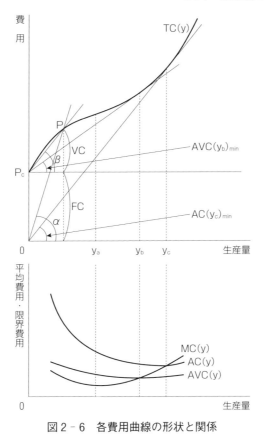

図2-6　各費用曲線の形状と関係

FC/y になる．そして，生産物1単位を追加的に作るために必要な費用を限界費用（MC: marginal cost）と言う．

　図2-6上図で縦軸は費用，横軸は生産量である．総費用（TC）は，生産量が増えれば総費用も増えるので，右上がりの曲線になる．図2-6では，曲線の傾きは次第に緩やかになり生産量 y_a を過ぎると次第に急になっている．固定費（FC）は生産量に関らず一定値（図2-6上図では Pc）なので水平となる．これに可変費用（VC）を加えたものが総費用（TC）である．総費用曲線上の任意の点 P と原点を結んだ直線の傾き（図では α）は $TC(y)/y$ なので平均費用を表す．図では，原点より TC 曲線上の点に引いた接線の接点の生産量 y_c で，平均費用が最低となる．図2-6下図で，MC は生産量 y_a, y_b, y_c（図2

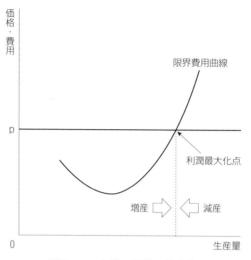

図2-7 企業の利潤の最大化

-6上図) に対応する AC, AVC, MC をプロットしたものである．固定費用直線と縦軸との交点は Pc で，Pc と点 P とを結んだ直線と固定費用の直線 (水平線) との角度を β とする．それは $VC(y)/y$ なので，この直線の傾きは平均可変費用である．図2-6 では，Pc 点より TC 曲線上の点に引いた接線の接点の生産量 y_b で，平均可変費用が最低となる．

つぎに，TC 曲線上の任意の点 P で，TC 曲線に引いた接線の傾き，$dTC(y)/dy$ は，y が1単位増加したときに $TC(y)$ が増加する分である．それは限界費用 (MC) であった．$TC(y)=c+VC(y)$ で c は一定なので，$dTC/dy=dVC(y)/dy$ であり (dTC/dy は TC を y で微分している)，MC は可変費用を生産量 y で微分しても同じ値となる．これより，生産量 y_b で，MC と AVC は同一の値となる．

MC は $TC(y)$ 曲線上で曲線に引いた接線の傾きなので，MC 曲線は，この傾きが最低となる生産量 y_a まで右下がりで，それを過ぎると右上がりになる．

独占 (monopoly) 企業でない限り，ライバル企業との競合で生産物の市場価格は決まっており，自ら変えたくても変えることはできないとし (完全競争)，一定値 p とする．この場合，企業にとって自らの力でコントロールできるのは費用となる．総費用 $TC(y)$ は生産量 y の関数とすると，利潤は収入マイナス費用なので，$py-TC(y)$ になる．企業はこの式で表される利潤を最大化さ

第 2 章 需要曲線と供給曲線　15

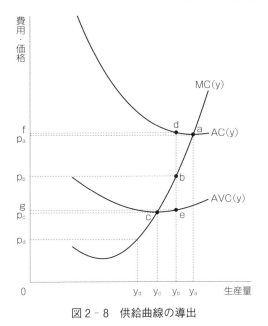

図 2‑8　供給曲線の導出

せるように生産量を決定する．ここで生産量 y を 1 単位増加させる．すると収入の増加分は p である．一方，費用の増加は限界費用 $MC(y)$ になる．では，どこまで生産量を増やせばよいのだろうか．

p が MC より大きければ生産量を増やすべきで，小さくなれば生産量は減らすべきである．ゆえに価格 p が限界費用 MC に一致するとき，p（価格）$=MC$（限界費用）のときに企業はその利潤を最大化させることができる．図 2‑7 がその関係を表している．

利潤は $py-TC(y)$ である．この式を y で割ると $p-AC(y)$ になる．p は販売価格，AC は平均費用であった．p は企業が利潤最大化を目指す限り MR（限界収入：販売が 1 単位増えるごとに増加する収入）になっている．図 2‑8 において，p が p_a のときには，y は y_a で利潤は最大となるが，その利潤はゼロになる．なぜなら $p-AC(y)$ がゼロだからである．p が p_a 以上であれば $p-AC(y)$ が正であり，1 単位当たりの利潤は正になっており，負であれば利潤は負になる．一致（$p=MC=AC$）している点 a は損益分岐点（break-even point）と呼ばれる．

次に価格が損益分岐点より低い p_b（$p_c<p_b<p_a$）の場合は，やはり $p=MC$

である生産量 y_b で利潤は最大となる．しかし，p_b は $AC(y_b)$ よりも低く，利潤は負になる．その損失額は $bdfp_b$ である．一方生産を行わなければ固定費分が損失になる．固定費＝総費用－可変費用なので，生産量 y_b での平均固定費用は図 2-8 の de になる．したがって，固定費分の損失は $y_b \times [AC(y_b) - AVC(y_b)]$ で面積 edfg になる．したがって，生産による損失は固定の損失より小さいので赤字になるが，生産は行われる．さらに価格が下がり，価格が p_c のときには，損失は固定費用と一致する．価格が p_d であるとき，すなわち p_c より低いときには，損失額は固定費用を上回るので，生産活動は行わない．ゆえに点 b を閉鎖点または操業停止点（shut-down point）と言う．以上の考察から，企業（生産者）の供給曲線はどうなるのか．p_c 以上の価格に対しては MC，p_c 以下の価格に対しては，p_c に対応する MC 曲線上の点より下方に引いた縦線となる．

[問題]

費用曲線が $C(x) = 2x^3 - 12x^2 + 30x$ で与えられているとする．x は生産量である．このとき企業が損益分岐点にあるとすれば，生産量はいくらか．

[解答]

損益分岐点は AC の最低点に対応している．$AC = 2x^2 - 12x + 30$ を x で微分してゼロと置くと 3 になる．

[問題]

ある企業の平均可変費用が $AVC = 2x^2 - 12x + 30$ で与えられるとする．x は生産量である．財の価格が 6 であったとすると，この企業は生産量をいくらにすべきか．

[解答]

可変費用は $2x^3 - 12x^2 + 30x$ になる．これを x で微分すると限界費用 $6x^2 - 24x + 30$ を導出できる．これが価格 6 と等しいとして，$x=2$ を導くことができる．

2-3 市場の均衡

最後に市場の均衡（market equilibrium）を考える．いままでは，個別の消費者，生産者の行動を分析したが，全体での需要・供給は，それぞれの価格水準に対する個々の需要量，供給量をすべて足し合わせたものになる．図2-9が

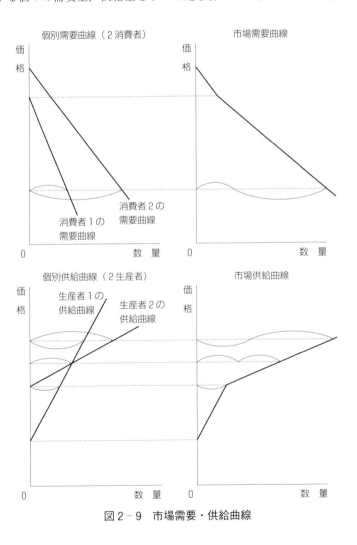

図2-9 市場需要・供給曲線

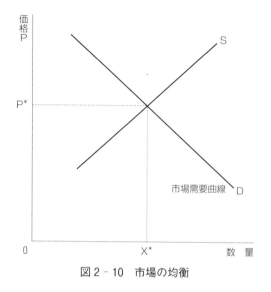

図2-10 市場の均衡

それを表している.

そして,市場需要曲線と市場供給曲線の交点(図2-10で価格P*,数量X*)で市場が均衡する.

第3章
国際貿易の基礎理論

3-1 貿易はなぜ起こるか

「貿易は国にとりメリットをもたらす」との議論は何度も聞いたはずだ．第2章で説明した，需要曲線，供給曲線を用いるが，余剰について説明する．

図3-1で，需要曲線上のA点は，支払い意志のある価格，B点は現実の価格，ABは消費者のメリットを表す．供給曲線上のC点は生産・販売意志のある価格，B点は現実の価格，BCは生産者のメリットを表す．三角形PMDの面積を消費者余剰（consumer surplus），三角形DMQの面積を生産者余剰（producer surplus）と言う．

[問題]
需要曲線，供給曲線はともに直線で，価格が4のとき需要量は12，供給量は6である．また価格が10のとき需要量は6，供給量は18である．このとき，消費者余剰，生産者余剰はそれぞれどれだけか．

[解答]
図を書くとよい．消費者余剰は50，生産者余剰は25になる．

次に，図3-2で，小国の仮定を置く．当該国の経済規模が小さく，その国の経済取引が変化しても，世界の市場での価格に影響を与えないと仮定する．するとこの国の価格は世界市場のそれになる．

貿易が行われる前には，需要曲線と供給曲線が交わる点Eで経済は均衡していた．このとき，消費者余剰は△ABE，生産者余剰は△CBEであり，国全体では△AECになっている．ところが，世界の価格水準がDで表されるとすると，それがこの国の価格になり，貿易，すなわちここではFG分の輸入

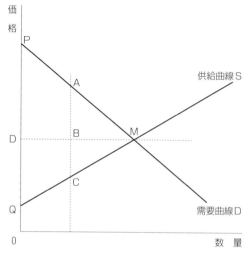

図3-1 消費者余剰と生産者余剰

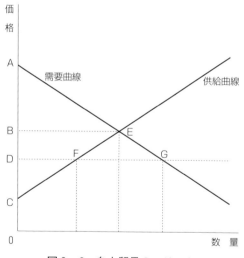

図3-2 自由貿易のメリット

がなされることになる.

　余剰はどうなるか. 消費者余剰は △ADG に増加, 生産者余剰は △CFD に減少する. しかし, 一国全体では △AGD と △CFD となり, 余剰は増加して

おり，貿易は望ましいという結論が導き出される．

[問題]
閉鎖経済をとっている国において，国内の需要曲線と供給曲線が次の式で与えられる．
　　需要曲線：$p = -0.2d + 72$
　　供給曲線：$p = s$
ただし，p は価格，d が需要量，s は供給量である．
　小国を仮定し，国際価格を40としたとき，貿易を開始することで余剰はどれだけ増えるか．

[解答]
1200．

　さて，第1章から，日本にとって貿易は不可欠であったこと，そして今後もそれに変わりがないことを，あらためて認識したはずである．表3-1は，日本の食料自給率の推移である．
　われわれの食生活が，大きく輸入に依存していることが理解できよう．
　一方，大きく輸入に依存している食料を「日本で作ればよいだろう……」と考えるかもしれない．現在の科学技術をもってすれば，不可能ではないはずだ．例えば，かぼちゃの多くはニュージーランドやメキシコから輸入されている．これらの国々と同じような気候，環境を作れば，それは不可能なことではない．ではなぜそれをしないのか．
　理由は，各国の生産には，得意・不得意があるからである．不得意なものを国内で高い費用をかけて生産する場合と，海外から安い価格で輸入する場合と，どちらがよいだろうか．むろん後者である．そのようにすると，輸入国では人や資源が余る．得意なものを，国内で安い費用で生産する場合と，海外から高い費用で輸入する場合とどちらがよいだろうか．，もちろん前者であり，そこに余った人や資源を投入すれば，効率の良い生産ができる．
　これが理論的には理想的な貿易のメカニズムである．貿易により，われわれの生活は，より良く，多様なものになる．
　ではなぜ，得意・不得意が発生するのか．その理由としては，以下の3つが考えられる．

表 3-1 品目別食料自給率

(単位:%)

年　度	1960	1980	2015（概算）
米（上段），うち主食用（下段）	102	100	98 100
小　麦	39	10	15
大麦・はだか麦	104	13	9
いも類	100	98	76
豆　類	44	7	9
野　菜	100	97	80
果実（計）	100	81	40
みかん	111	103	100
りんご	102	97	59
牛乳・乳製品	89	82	62
肉類（計）	93	80	54
牛　肉	96	72	40
豚　肉	96	87	51
鶏　肉	100	94	66
鶏　卵	101	98	96
砂　糖	12	27	33
魚介類（上段），うち食用（下段）	108 111	97 97	54 59
海藻類	92	74	70
きのこ類		109	88

出所）農林水産省．

1）技術力の差
2）生産要素賦存率の差
3）気候風土，地質条件

1）については，3-2で詳しく，2）については3-4で簡単に説明する．

3-2　リカードー（Ricardo）の比較生産費説

　まずは例から考える．夫と妻，2人の家庭がある．そして，外での仕事と家庭内での仕事，双方を必ずこなさなければならないとする．そのとき，どのような分担の形態をとるべきだろうか．生産性が高い分野に特化するのがよいことは直感的に理解できよう．例えば，妻が外での仕事で生産性が高く，夫は低いとしよう．家庭内の仕事では，妻は生産性が低く，夫は高いとする．そのとき，妻，夫ともに，外で働き家庭内の仕事もするのは，望ましくない．この場合，妻は外での仕事に特化し（家庭内の仕事は一切しない），夫は家庭内の仕事に特化する（外での仕事は一切しない）ことが望ましい．

　もう一例，しばしば引用される例を出す．アインシュタインと弟子の2人を考える．そして，独創的な仕事と単調な仕事の2つをこなさなければならないと仮定する．アインシュタインは，独創的な仕事は得意であるが，単調な仕事はあまり得意でないとしよう．ただ，単調な仕事においても弟子より少し優れているとする．弟子は，その逆であるとする．独創的な仕事，単調な仕事のいずれにおいてもアインシュタインに劣っているが，単調な仕事においてはその劣っている度合いは，独創的な仕事ほどではないとしよう．このとき，アインシュタイン，弟子それぞれが独創的な仕事も単調な仕事もするのは，効率がよくない．アインシュタインは独創的な仕事のみ行い，弟子は単調な仕事のみを行うことが，経済学的には好ましい．アインシュタインにすべて任せればと考えるかもしれないが，時間は有限なのである．

　貿易についての具体例に入る．A国，B国の2カ国を考える．そして衣料と食料の2種類の財を生産しているとする．両国の各財の生産量は労働量（人数）により決定されるとしよう．常識的には個人により生産能力に差があるのは当然であるが，それは考えない．各人が同等の能力を保有していると仮定する．

　以下は，衣料と食料1単位の生産に必要な労働量とする．

　このときB国はA国に対し，衣料，食料のいずれにおいても「絶対優位（absolute advantage）」を持つと言う．B国は1単位の生産に必要な労働投入量が少ない．反対にA国はいずれの財の生産にも「絶対劣位（absolute disadvantage）」を持つ．

表 3-2　衣料と食料の生産に必要な労働量

	衣料1枚に必要な労働量	食料1個に必要な労働量
A国	5人	10人
B国	4人	2人

表 3-3a　衣料を基準

	衣料	食料
A国	1枚	0.5個
B国	1枚	2個

表 3-3b　食料を基準

	衣料	食料
A国	2枚	1個
B国	0.5枚	1個

　この場合，絶対優位を持つ製品の方が輸出しやすいので，B国から，衣料，食料ともにA国に輸出され，A国からはまったく輸出は行われないのだろうか．この状況は短期的にはともかく，長期的には続くとは思われず，したがって貿易は成り立たない．

　しかし，リカードーは，重要な視点を提起した．以下の考え方は，今でも国際貿易の理論として，頻繁に引用されている．

　衣料を基準にして，食料何個と価値が同じか考えてみる．つまり，衣料1枚を作るのをやめたら，食料が何個できるか考える．機会費用を考えていることになる．

　表 3-3a の場合，衣料と比べて食料の生産において，B国はA国に対して比較的に効率が高く，比較優位（comparative advantage）があると言う．

　同じく，今度は食料を基準にして，食料1個を作るのをやめたら，衣料が何枚できるかを確認する．

　表 3-3b により，食料と比べて衣料の生産において，A国には比較優位があることがわかる．

　このとき，A国は衣料，B国は食料に特化し，輸出することによって貿易が成立する．つまり一国は，その国が生産において，他国の商品に比較して安い商品（比較優位を持つ）を輸出し，比較優位を持たない商品を輸入することになる．これが比較優位の原理である．

　次に，貿易による利益を確認しよう．表 3-4a は貿易前，表 3-4b は商品を特化して貿易をした後の状況を表している．

　このように，私たちの生活を豊かにするのが貿易である．

表3-4a 貿易前		
A国（15人で）	衣料1枚	食料1個
B国（6人で）	衣料1枚	食料1個
計	衣料2枚	食料2個

表3-4b 特化して貿易		
A国（15人で）	衣料3枚	食料0個
B国（6人で）	衣料0枚	食料3個
計	衣料3枚	食料3個

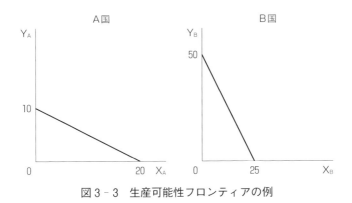

図3-3　生産可能性フロンティアの例

　図を用いて考えよう．生産可能性フロンティア（曲線）を考える．生産可能性フロンティアとは，使用可能な生産要素をすべて使用した場合に生産される財の組み合わせである．先の表3-2の場合で，労働量の賦存量は，A国，B国ともに100とする．労働は完全雇用とし，X_A，X_Bを，A国，B国のX財の生産量，Y_A，Y_BをA国，B国のX財の生産量とすると，以下の式が成立する．

$$5X_A + 10Y_A = 100$$
$$4X_B + 2Y_B = 100$$

展開すると以下をえる．

$$Y_A = -\frac{1}{2}X_A + 10$$
$$Y_B = -2X_B + 50$$

図示すると図3-3になる．
　この線の内側が生産可能な財の組み合わせを示している．直線の傾きはそれ

ぞれ $-\frac{1}{2}$ と -2 である．この絶対値は財 X を 1 単位増加させるために犠牲にしなければならない財 Y の単位数，すなわち機会費用を表している．したがって，A 国は財 X に B 国は財 Y に特化するのが望ましい．

いずれの財についても絶対劣位になっている国も，存在の意義があり，利益を得る可能性があること，ただし，両国の貿易から得られる利益の配分方法については，分析されていないことにも留意すべきである．

[問題]

表は，A 国と B 国において農作物と工業製品を 1 単位生産するのに必要な労働力の単位数をそれぞれ示したものである．「比較優位の原理」に従うとき，貿易はどのように行われるか．

	農産物	工業製品
A 国	10人	8人
B 国	5人	6人

[解答]

農産物を基準にして考える．

	農産物	工業製品
A 国	1個	10/8個
B 国	1個	5/6個

工業製品は A 国に比較優位がある．
次に工業製品を基準に考える．

	農産物	工業製品
A 国	8/10個	1個
B 国	6/5個	1個

農産物は B 国に比較優位がある．工業製品は A 国，農産物は B 国で生産して，貿易することにメリットがある．

3-3 相対価格を考慮した貿易パターン

各国が比較優位を持つ財の生産に特化し，それぞれの財を輸出することで両

国とも豊かになることは理解できたと思われるが，市場メカニズムを通じて，貿易パターンはいかにつくられるのか．表3-2の場合を例にとり，引き続き理論的に考える．

P_{XA}, P_{YA} を，A国のX財，Y財の価格，P_{XB}, P_{YB} を，B国のX財，Y財の価格とする．そしてwを労働1単位あたりの価格（賃金）とする．

A国では $P_{XA}=5w$, $P_{YA}=10w$ なので $\dfrac{P_{XA}}{P_{YA}}=\dfrac{1}{2}$

B国では $P_{XB}=4w$, $P_{YB}=2w$ なので $\dfrac{P_{XB}}{P_{YB}}=2$

A国では $\dfrac{P_{XA}}{P_{YA}}>\dfrac{1}{2}$ ならばX財の生産，$\dfrac{P_{XA}}{P_{YA}}<\dfrac{1}{2}$ ならばY財の生産に特化する．同じくB国では $\dfrac{P_{XB}}{P_{YB}}>2$ ならばX財の生産，$\dfrac{P_{XB}}{P_{YB}}<2$ ならばY財の生産に特化する．世界の相対価格を $\dfrac{P_X}{P_Y}$ とすると，表3-5の関係が成立する．

表3-5 貿易パターンの決定

	$\dfrac{P_X}{P_Y}<\dfrac{1}{2}$	$\dfrac{P_X}{P_Y}=\dfrac{1}{2}$	$\dfrac{1}{2}<\dfrac{P_X}{P_Y}<2$	$\dfrac{P_X}{P_Y}=2$	$\dfrac{P_X}{P_Y}>2$
A国	Y財に特化	両財	X財に特化	X財に特化	X財に特化
B国	Y財に特化	Y財に特化	Y財に特化	両財	X財に特化

以上より，$\dfrac{1}{2}<\dfrac{P_X}{P_Y}<2$ のときに，両国がそれぞれ比較優位を持つ財に生産を特化し，貿易を行うことになる．

3-4 ヘクシャー・オリーンの理論

比較優位の決定要因として，リカードーは技術力（生産効率）の差をあげた．これに対して，ヘクシャーとオリーンは労働量，資本，土地の量などに関する生産要素間の比率（生産要素賦存率）の差をあげた．これが，労働量，資本という2つの生産要素を用いた種々のモデルに発展することとなった．

資本が豊富な国は，資本集約財の生産比率が高くなる．すると資本集約財の

相対価格が低くなり，資本集約財に比較優位を持つことになる．労働が豊富な国は労働資本集約財の生産比率が高くなる．すると労働集約財の相対価格が低くなり，労働集約財に比較優位を持つことになる．

　なお，これらの理論は基本的に産業間貿易を論じるものであり，産業内貿易を論じるものではない．本書でこれ以上触れることはないが，同一産業内で差別化された製品が生産されて貿易がなされる，水平的産業内貿易と並んで，例えば，生産された部品を輸入して国内で生産された製品を他国へ輸出する，垂直的産業内貿易が，アジアで進展している．日本では高品質の部品や製品を輸出して，外国から高品質とは言えないものを輸入するパターンである．

[問題]

　ある国で，その国に存在する資本と労働力から X 財と Y 財が生産されている．生産関数は $X=Kx^{1/3}\cdot Lx^{2/3}$，$Y=Ky^{1/2}\cdot Ly^{1/2}$ で示されるとする．ただし，X：X 財の生産量，Y：Y 財の生産量，L：各財への労働投入量，K：各財への資本投入量とする．さらに X 財と Y 財の価格がそれぞれ 3 と 4 であるとき，賃金率と資本レンタル率はいくらか．

[解答]

　労働，資本にはそれぞれ利用可能な量的な制約がある．最大限利用できる労働を L_m，資本を K_m とすると，$Km=Kx+Ky$，$Lm=Lx+Ly$ となる．それぞれの財の利益は，$ProfitX$（X の利益）$=PxX-rKx-wLx=PxKx^{1/3}\cdot Lx^{2/3}-rKx-wLx$，$ProfitY$（Y の利益）$=PyY-rKy-wLy=Py(Km-Kx)^{1/2}\cdot(Lm-Lx)^{1/2}-r(Km-Kx)-w(Lm-Lx)$ である．P は価格，w は賃金率，r は資本レンタル率，添字 x，y は X，Y 財の値である．X，Y の利益の最大化条件は，それぞれを Lx と Kx で微分をし，0 とおくことで求められる．$\partial ProfitX/\partial Lx = (2PxKx^{1/3}\cdot Lx^{-1/3})/3-w=0$，$\partial ProfitX/\partial Kx=(PxKx^{-2/3}\cdot Lx^{2/3})/3-r=0$，$\partial ProfitY/\partial Lx=-(PyKy^{1/2}\cdot Ly^{-1/2})/2+w=0$，$\partial ProfitY/\partial Kx=-(PyKy^{-1/2}\cdot Ly^{1/2})/2+r=0$．上式に，$Px=3$，$Py=4$ を代入すると，$w^2r=4$，$wr=4$ になる．ゆえに，$w=1$，$r=4$ が正解．

[問題]

　ある国で，X 財，Y 財を，生産要素として資本 K と労働 L を使用して，生産し貿易している．X 財の生産関数は $K^{2/3}L^{1/3}$ で，Y 財の生産関数は $K^{1/3}L^{2/3}$ で

ある.ここで労働人口が外生的に増加したとする.増加するのは X 財か Y 財か.

[解答]

X 財の生産量を X とおいて X 財の等量曲線の傾きを求める.

$$dx = 2K^{-1/3}L^{1/3}/3 dK + K^{2/3}L^{-2/3}/3 dL = 0$$

これより等量曲線の傾き $-\dfrac{dK}{dl} = \dfrac{K}{2L}$ となる.次に Y 財の生産量を Y とおいて Y 財の等量曲線の傾きを求める.

$$dY = K^{-2/3}L^{2/3}/3 dK + 2K^{1/3}L^{-1/3}/3 dL = 0$$

これより等量曲線の傾き $-\dfrac{dK}{dl} = \dfrac{2K}{L}$ となる.$\dfrac{K}{2L} < \dfrac{2K}{L}$ が成立するので,Y 財の生産は X 財の生産に比して労働集約的である.ゆえに Y 財の生産が増える.

3–5 要素価格の国際間均等化

次の 3–6 では,貿易のメリットを図により示すことになるが,その前に要素価格の国際間均等化について説明する.

さきほど 3–2 で用いた例を発展させる.A 国は衣料に比較優位,B 国は食料に比較優位があった.すると,A 国は衣料を輸出,B 国は食料を輸出する.その場合,価格に変化はないのであろうか.そのようなことはない.

まず A 国のケースから説明する.A 国では,衣料の在庫が減少し,価格が上昇する.衣料は労働集約財なので,賃金が上昇する.一方,食料は比較劣位の存在により輸入をしたが,それにより価格は下落する.食料は資本集約財なので,資本の価格が下落する.

B 国のケースも同様である.食料に比較優位があり輸出をする.それにより価格は上昇する.衣料については比較劣位があり輸入をするが,価格が下落する.つまり,貿易を行うことで,各国間の要素価格,すなわち賃金や資本の価格が縮まっていく.

結果として,要素価格は均等化される.これが要素価格の均等化(定理)と呼ばれるものである.この要素価格の均等化は,世界の生産効率化の点からも,重要な意味を持つことになる.要素価格の均等化によって,生産要素が国際間

の移動をしなくても，自由貿易（free trade）によって要素の最適な配分が実現することになる．ゆえに，この要素価格の国際間均等化は，自由貿易の強い根拠として支持されている．

3-6　貿易の三角形

さて，3-4での議論を用いて，貿易のメリットを説明する．第2章での説明を一部用いる．

生産可能性フロンティアとは，利用可能な生産要素（リカードーの理論では労働のみを考えた）を最も効率的に使用した場合に生産可能な財（この場合，食料と衣料）の組み合わせを示す点の軌跡である．

曲線が右下がりになる理由は，片方の財の生産を増加させれば，片方を減らさなければならないからである．なぜなら，投入できる生産要素は限られている（等しい）からである．実際の生産可能性フロンティアは，これまでは直線で考えてきたが，一般に原点に対して凹の曲線になる．図3-4を用いてその理由を説明する．

衣料は労働集約財，食料は資本集約財であった．A点では，食料の生産を犠牲にして衣料の生産を増やそうとすると，すでに多くの労働資源，つまり労働者を投入しているので，これ以上増加しようとしても良質な労働者が集まらないとか，余分な費用がかかる．したがって，多くの増加は見込めない．同じくB点では，食料の生産を犠牲にして衣料の生産を増加させる場合，労働資源の増加は容易で，衣料生産の多くの増加が見込める．

また，左側の図は，衣料に比較優位があるケース，右側は，食料に比較優位があるケースである．いずれかの財の生産を0にして（横軸あるいは縦軸），もう一方の財の生産量を確認（縦軸あるいは横軸）すれば理解できよう．無差別曲線と予算制約線については，第2章を参照されたい．

以下，詳細に分析する．貿易が行われていない場合，三者の関係は，図3-5で表される．消費者は予算の制約と商品価格の条件下で最大の満足度が得られるように行動する．すなわち原点より最も遠い無差別曲線に予算制約線が接する点Cを選ぶ．ここでは限界代替率，すなわち食料を犠牲にして補うのに必要な衣料の量が，価格比と等しくなっている．

次に，貿易を行う場合を，図3-6aと図3-6bを用いて説明する．点線の

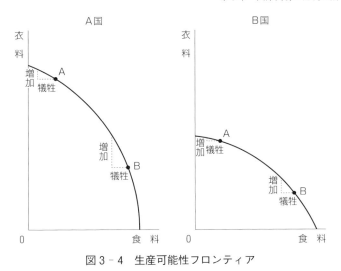

図3-4 生産可能性フロンティア

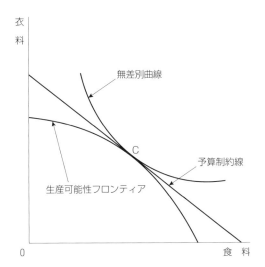

図3-5 無差別曲線,予算制約線,生産可能性フロンティア

予算制約線は貿易前,実線は貿易後を示す.A国は衣料に比較優位,B国は食料に比較優位があった.A国の衣料の価格は上昇,食料の価格は下落して,予算制約線は傾きが緩やかになり,B国のものと共通になる.同様にB国の衣料の価格は下落,食料の価格は上昇して,予算制約線は傾きが急になり,A

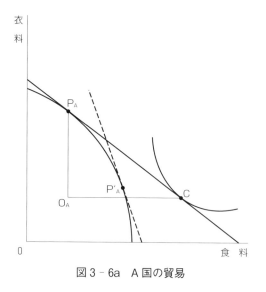

図3‐6a　A国の貿易

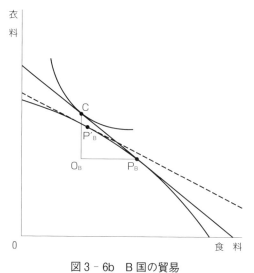

図3‐6b　B国の貿易

国と共通になる.

　具体的には,A国の生産点は,P_A'からP_Aへ移動する.同じく消費点はP_A'からCへ移動する.するとP_AO_A（衣料）を輸出し,O_AC（食料）を輸入

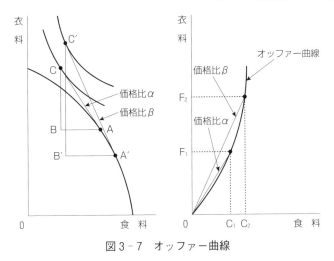

図3-7 オッファー曲線

する．P_AO_AC は貿易の三角形と呼ばれる．B国は生産点が P_B' から P_B へ，消費点は P_B' からCへ移動する．すると P_BO_B（食料）を輸出，O_BC（衣料）を輸入する．貿易の三角形は P_BO_BC である．

結果として無差別曲線は，A国，B国とも原点より遠くなるので，効用が増す．こうして，貿易は生活を豊かにする．

次にオッファー曲線について紹介する．図3-7左の貿易の三角形で，C点とC′点を比べる．価格比が α のとき，貿易の三角形はABC，β のとき，貿易の三角形はA′B′C′である．それを書き写したのがオッファー曲線であると考えてよい．オッファー曲線の $0C_1$ と $0F_1$ はABとBCに対応する．$0C_2$ と $0F_2$ はA′B′とB′C′に対応する．これは国際貿易，なかでも交易条件（輸出財の価格／輸入財の価格）の分析などに有用である．

3-7 国際貿易に関するその他の代表的な理論

国際貿易のその他の代表的な理論として，リプチンスキーの定理，ストルパー・サミュエルソンの定理，そして最後にレオンティエフの逆説について説明する．

表 3-6　リプチンスキーの定理の例

	労働	資本
X 財	X_L(小)	X_K(大)
Y 財	Y_L(大)	Y_K(小)

A. リプチンスキーの定理

X 財, Y 財の 2 財を考える. 労働存在量は L, 資本存在量は K とする. 労働投入係数 (1 単位の生産に必要な労働者数) を X 財については X_L, Y 財については Y_L, 資本投入係数については X 財については X_K, Y 財については Y_K とする. なお, X 財は資本集約財, Y 財は労働集約財とする.

以上の内容をまとめると, 次の表 3-6 になる.

ここで, 以下の資源制約式が成立する. それらを書き換えたのが矢印以下の式になる. X, Y はそれぞれの財の数量を表す.

$$X_L X + Y_L Y \leq L \quad ①$$
$$\Rightarrow Y \leq -(X_L/Y_L)X + L/Y_L$$
$$X_K X + Y_K Y \leq K \quad ②$$
$$\Rightarrow Y \leq -(X_K/Y_K)X + K/Y_K$$

表 3-6 より, ①式の傾きは緩やかで, ②式のそれは急であることが確認できる. そして, 2 つの資源制約式を同時に満たすのは, 図 3-8 の枠内である. 生産可能性フロンティアは, その外側の境界線になる.

ここで, 資本の量 K が増加すると, 式②は②′にシフトする. 傾きは変わらないが, 両座標軸との切片が増加する. すると資本集約的な X 財の生産が増え, 労働集約的な Y 財の生産量が減少する.

したがって, 価格比が一定ならば, 要素 (労働・資本など) の存在量が増加すると, その要素を集約的に使用する財の生産が増え, 他の財の生産は減る.

B. ストルパー・サミュエルソンの定理

1 人当たりの賃金を w, 資本財 1 単位の価格 (資本レンタル) を r, X 財の価格を P_X, Y 財の価格を P_Y とする. X 財は資本集約財, Y 財は労働集約財とする. すると以下の式が成立する.

$$P_X \geq w X_L + r X_K \quad ①$$

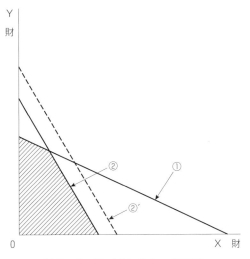

図 3-8　リプチンスキーの定理

$$\Rightarrow w \leqq -(X_K/X_L)r + P_X/X_L$$
$$P_Y \geqq wY_L + rY_K \quad ②$$
$$\Rightarrow w \leqq -(Y_K/Y_L)r + P_Y/Y_L$$

　ここで資本集約財 X の価格 P_X が上昇したとする．すると図 3-9 で①は①′に上昇する．傾きは変化なく，両軸との切片が上昇する．すると資本（レンタル）価格は上昇し，賃金は下落する．

　このように，ある財（この例では資本集約財）の相対価格の上昇は，その財の生産に集約的に使用される要素の価格（この例では資本）を上昇させ，他の要素価格（賃金）を下落させる．

C．レオンティエフの逆説など

　レオンティエフは，ヘクシャー・オリーンの定理が不成立になる条件を示し，センセーションを起こした．これはヘクシャー・オリーンの定理が現実的な妥当性があるかどうかを検証したものである．なかでも，資本豊富国の米国が労働集約財をなぜ輸出するのか，それを現実的に検証することから始まった．それは他の研究者に引き継がれ，ヘクシャー・オリーンの定理が成立しない理由があげられた．代表的なものは以下のとおりである．

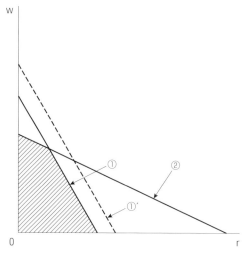

図3-9 ストルパー・サミュエルソンの定理

1）需要の偏向
　例えば資本が豊富であっても，資本に強い選好を示す国であれば，資本レンタル価格を高くする．
2）生産要素（労働，資本，土地など）の異質性
　労働者の能力，技術力の差，土地の相違などである．
3）要素集約度の逆転
　要素価格の変化によって，他の要素に代替されることが考えられる．

けれども，これら1）～3）などによって，ヘクシャー・オリーンの貢献が全面的に否定されたわけではなく，現在でも国際経済学では欠かすことのできない学説になっている．

3-8　経済成長と貿易

経済成長は貿易にどのような影響をもたらすのであろうか．ここでは，窮乏化政策の例を紹介する．

図3-10で，偏った成長がなされたと仮定する．先の例のリプチンスキーの定理を思い出すとよい．生産要素（ここでは労働）が増加すると，労働を集約

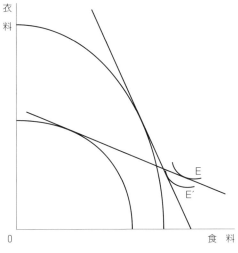

図3-10 経済成長と貿易

的に用いる財の生産,すなわち衣料の生産が増加する.すると衣料の相対価格は低下する.

窮乏化成長とは,輸出に偏った成長によって,交易条件を悪化させ,輸出国の厚生を下げてしまうようなケースを指す.図はそのようなケースを示している.予算制約線の傾きは急になり,消費はEからE′になり,この国の厚生は成長により低下してしまっている.しかし,現実的な妥当性については,否定的な見解も出されている.

第4章
不完全競争市場と貿易

4-1 独占と貿易

　今まで示してきた貿易のモデルは，市場が完全市場（perfect market）であると仮定してきた．すなわち，企業は市場の価格（プライス）をテーカー，すなわちプライステーカーとして行動するのである．しかし，現実の市場は程度の差はあれ，不完全市場であることが多い．自動車産業はその例である．

　国際経済学では，ミクロ経済学のゲーム理論，産業組織論などをベースにした戦略的貿易政策が，論じられることが多い．これは政府が戦略的に働きかける政策や国際間の企業活動に影響を与える政策を主に指す．そこでは不完全競争（imperfect competiiton）を前提にして，市場から生じる利益を自国側に有利にすることを強調するモデルが提示されている．まず，国内で独占企業が1社あるケースから説明する．

　その前に，完全競争（perfect competition）であれば，企業は価格＝限界費用（MC）で生産量を決定することを確認しておこう．最適な生産量は，独占企業でない限り，ライバル企業との競合で生産物の市場価格は決まっており，自ら変えたくても変えることはできないと考え（この状態を経済学では完全競争と言う），一定値 p とする．この場合，企業にとって自らの力でコントロールできるのは費用が主となる．総費用 $TC(y)$ は生産量 y の関数とすると，利潤は収入マイナス費用なので，$py - TC(y)$ になる．企業はこの式で表される利潤を最大化させるように生産量を決定する．ここで生産量 y を1単位増加させる．すると収入の増加分は p である．一方，費用の増加は限界費用 $MC(y)$ になる．では，どこまで生産量を増やせばよいか．p が MC より大きければ生産量を増やすべきである．一方小さくなれば生産量は減らすべきである．ゆえに価格 p が限界費用 MC に一致するとき，p（価格）＝MC（限界費用）のときに企業はその利潤を最大化させることができる．

第4章 不完全競争市場と貿易　39

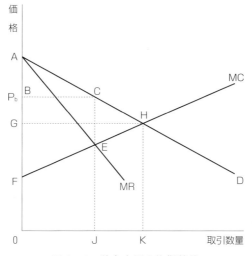

図4-1　独占市場の均衡状態

貿易開始前の市場で，独占企業1社のみが財を供給していると仮定する。

図4-1でDは需要曲線で限界収入曲線はMRで示されている。MCは限界費用曲線である。独占企業は利潤を最大になるよう供給量を決定するので，最適な供給量は限界収入と限界費用が等しくなる水準になる。すなわち2つの直線が交わる点Eで最適な供給量Eが決定され，市場価格はp_bとなる。余剰はどうなるか。消費者余剰は△ABC，生産者余剰はBFECである。もし，この市場が完全競争下にあれば，均衡点はHとなり，社会的余剰はBFHCとなるので，独占により，△ECHの余剰の損失が発生する。ここまではミクロ経済学の復習である。

さて，市場が開放され自由貿易が行われるとどうなるか。この国は小国で，貿易が行われるとプライステーカーとして，市場の価格をそのまま受け入れねばならないと仮定し，さらに該当国が輸入国になるケースを考える。

図4-2で，世界の価格水準はp_wとする。すると限界費用曲線との交点Tで供給量OMが決定される。貿易前と比べ供給量はJM増加する。一方需要は価格と需要曲線の交点Sなので，MNが輸入される。

余剰を確認する。消費者余剰は△ALSとなり，貿易開始前に比べ，BLSCの分，増加した。生産者余剰は，貿易前にはBFECであったが，貿易後は△LFTになり減少する。したがって，国全体での余剰は△CQSと△QET

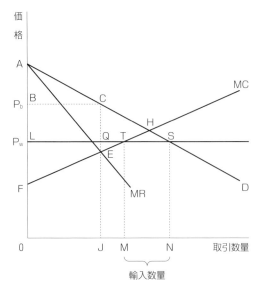

図4-2 小国の独占市場での自由貿易

だけ増加し，自由貿易で利益が増加することが示される．

4-2 価格差別化と貿易

応用として，価格差別化（price discrimination）の行動について説明する．企業は，もしある国の市場で高い価格で販売ができ利潤を増加させることができるのならば，価格差別化をする．

市場が，自国と外国の2つ存在するとしよう．2つの市場に対しては，自国の独占企業のみが財を供給する．図4-3では，両国の需要の条件が異なっている．

左側は外国の需要曲線とMR曲線が，右側には自国の需要曲線とMR曲線が描かれている．簡略化のため，MCは一定と考える．外国の需要曲線の傾きが緩やかになっているのは，価格弾力性が高いことを意味する．価格の上昇に対して失う需要は大きい．

こうした状況下で，自国の価格はP，外国の価格はP*で決定される．これより，企業は価格弾力性の小さい自国では高い価格を設定，大きい外国では低

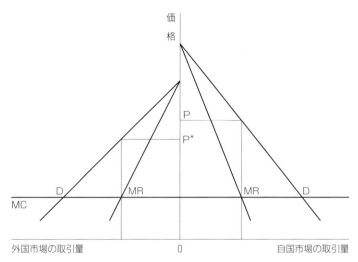

図4-3　企業（輸出）の価格差別化

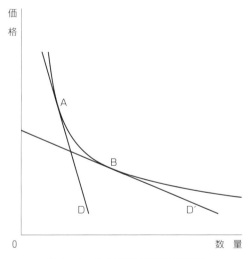

図4-4　独占的競争下での貿易

い価格を設定することがわかる．

　独占的競争市場下で貿易が行われたらどうなるか．

　図4-4において，議論を単純化するため，需要の条件が同じ2国の独占的

競争市場において貿易が行われることになったとする．消費者は財の多様性を選好する．相手国の企業数と財の種類が増加すれば，需要は価格に対して大きく変化することになる．すると需要曲線はDからD′へ変化する．そして価格は下がることになる．

　最後に産業内貿易指数について説明する．グルーベル゠ロイドの指数が代表的なものである．式で示すと，$\{(X_{jk}+M_{jk})-|X_{jk}-M_{jk}|\}/(X_{jk}+M_{jk})$となる．この指数はj産業のk国との産業内貿易の程度を示す指数で，0から1の間になる．X_{jk}はj産業のk国への輸出額，M_{jk}は輸入額になる．

第5章
貿易取引のしくみ

グローバル化という言葉はもはや日常生活のレベルでも使われる．今日では，実際に貿易取引を行うか否かは別にして，それを選択肢に含めること，そして貿易実務に関する知識が企業では必要とされる．

図5-1は，貿易取引の基本を図示している．輸入と輸出は裏返しであり，ここでは輸入を中心に説明する．

各実務を時間順に並べると次のようになる．

① 契約
② 信用状（letter of credit: L/Cと略称）の発行依頼，その許可
③ 信用状の作成，送付
④ 信用状の到着通知，交付
⑤ 船積み
⑥ 船荷証券（bill of lading: B/Lと略称）の交付
⑦ 船積書類（shipping document）：船荷証券，保険証券（insurance policy），インボイス（invoice）などの用意
⑧ 信用状と船積書類を提示，買取りを依頼
⑨ 審査・代金
⑩ 信用状と船積書類を提示
⑪ 代金の支払い
⑫ 信用状と船積書類の到着通知
⑬ 代金の支払い
⑭ 船積書類の引渡し
⑮ 船荷証券の提示
⑯ 貨物の引き取り

若干の補足をする．

まず①の契約であるが，簡単にそれが交わされるとは限らない．信用調査，

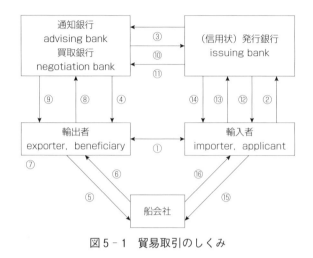

図5-1 貿易取引のしくみ

　法律・規制の確認,引き合い,サンプルのやりとりなどがなされたうえで,契約となる.契約では,輸送でのリスクと費用負担なども決められる.例えば,FOB (Free on Board) とは,売り主(輸出者)のリスクと費用の負担は,買い主(輸入者)指定の船に荷物を積む(輸出国)までであり,それ以降は買い主が負担することになる.

　③での信用状とは,もし輸入者が代金を支払わなかった場合に,信用状を発行した銀行がそれを代わりに支払うことを約束するものである.信用状発行銀行は,無条件でそれを発行はせず,過去の取引関係,経営状態などを勘案して信用状を発行することになる.ただし,現在ではクレジットカードなどで代替されることが多い.

　③で信用状が輸出業者の国に到着すると,④で通知銀行を通じて輸出業者に渡される.もちろん信用状発行銀行と輸入業者,通知銀行(後に出てくる買取銀行)と輸出業者は同一の国に存在しているのが一般的である.輸出業者は,相手国の銀行の信用状という形での保証があるからこそ安心して物品の送付ができる.それが⑤である.

　⑥の船荷証券は,貨物の引換券と考えればよい.輸送の際のリスクに備え,何らかの保険に入ることが普通である.保険料は保険金額×保険料率であり,保険金額はCIF (Cost, Insurance, and Freight) 価格などに1割増し程度の金額となる.インボイスとは送り状のことで,貨物の内容,数量などが記載される.

船荷証券，保険証券，インボイスなどはあわせて船積書類と呼ばれる．

　これらの書類の準備ができたら，⑧で買取の依頼がなされる．買取銀行は審査して，それを買い取る．買取銀行と通知銀行は，同一主体であることが多い．買取銀行は，やはり信用状発行銀行の保証があるからこそ，買取をする．そのあと輸出業者に代金の支払いがなされる．それが⑨である．

　次からは銀行間の取引となる．⑩⑪で，書類の提示と代金の支払いが行われる．これが完了すれば買取銀行の役割は完了となる．信用状発行銀行は書類の到着を輸入業者に通知する（到着案内書：Arrival Notice）．ここで万一，輸入業者が代金を支払わなければ船荷証券はもちろん引き渡さないし，信用状発行の段階で担保などをとっていれば，それを留保する．そして輸入業者が支払いをして，書類の引渡しが行われる．これが⑫〜⑭である．信用状は発行銀行が処理する．信用状が用いられない場合には，輸入者の取引銀行から輸出者の取引銀行へ代金が振り込まれる（並為替）．この場合，少なくとも一定程度は前払いとなる．

　あとは⑮⑯で，船荷証券の提示と貨物の引渡しが行われ，貨物が通関を通れば貿易取引は完了となる．輸出の通関手続きは輸出国側で，輸入の手続きは輸入国側で行われるのが普通である．通関に関わる申請ではオンライン化が進んでいる．なお，関税は CIF に課されることが多い．

第6章 貿易政策

6-1 貿易政策とは

　貿易政策という言葉はよく見聞きするはずだ．実は貿易政策の明確な定義はない．図6-1は，程度，頻度の差はあれ貿易政策と呼ばれるものをあげている．

　このうち税関で課されるものが貿易政策，あるいは貿易政策措置と呼ばれることが多い．「輸出自主規制」という言葉が図にないと思う人が読者の中にはいるかもしれない．一時期この言葉は多用された．これは輸出許可に分類されるが，新規の手段であると考えてよい．しかし，禁止されることになった．

　1990年代中頃に日米間で，自動車摩擦が再燃した．日本からの輸出が増えて米国側の反発を呼んだ．米国は日本の高級車に100％の関税を一時的に課した．この時，日本のメーカーは自主的に輸出を規制し，米国側はそれを取り下げた．

　輸入許可通知書は，もちろん品質，衛生，安全面などでの基準を満たしたもののみに交付される．過去に数量制限という形で，輸入制限が課されたことがあった．これによって，商品の競争力とは関係が薄くなり，自由貿易から逸脱するケースが多々あった．そこで現在では輸入数量制限は原則として禁止され関税化することが認められている．

　こうした政策は基本的に自国の権益を守るためである．古くは幼稚産業の保護，産業調整などの意図で行われてきたが，現在ではそのような意図もあろう

```
輸出国の生産者…生産補助金
輸出国の税関……輸出補助金，輸出関税，輸出許可
輸入国の税関……輸入補助金，輸入関税，輸入許可
輸入国の消費者…消費税
```

図6-1　貿易政策

が，環境保全などの政策が採られることが出てきている．

なお1990年代に入ってから，新しい貿易政策がとられるようになったと指摘する向きもある．従来は市場開放や逆に市場の閉鎖的な政策をとる，いわばミクロ的な政策が中心で1990年代以降もそれは採用されている．1993年から1995年にかけて，自動車・同部品，板ガラス，電気通信および医療機器の政府調達，保険などの分野に関して激しい交渉がなされた日米包括経済協議，その後の半導体，写真フィルム，航空サービスや日中間の貿易摩擦は，ミクロ的な分野に分類される．けれども，マクロ的な政策，具体的には為替レートの調整や総需要の拡大などを求める動きが出てきたことに注目すべきである．第1章に述べた1985年のプラザ合意，あるいは1989年から1990年にかけての日米経済構造協議はその例である．そこでは，貯蓄・投資パターン，流通機構，企業系列にまで議論が及んでいた．

6-2 貿易政策の理論的分析

以下，輸入関税，輸入数量制限，輸出補助金の3つのケースで説明する．

1）輸入関税の効果
1-1）小国のケース
図6-2で，Dを需要曲線，Sを供給曲線とする．貿易のない場合，価格はDとSとの交点，P_0 で均衡する．

貿易のある場合，小国なので，世界的な価格水準に自国の需要は影響を及ぼさない．この仮定は小国の仮定と呼ばれることは先に述べた．この場合，商品は国際価格であるPの水準で大量に輸入できるので，国内価格はこの水準で決まっていると仮定する．なお以下の分析は完全競争を仮定している．

国内需要はAC，国内生産量はAB，そして輸入はBCとなる．

ここで関税が賦課されたと仮定する．理論的な分析をする前に図を離れ，直感的に考えてもらいたい．価格は関税分上昇する．すると需要は減少し，供給は増加する．

価格はPからP′へ上昇する．国内需要はACからDFへ，国内生産量はABからDEへ，輸入はBCからEFになる．

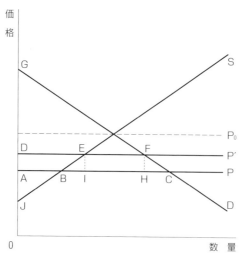

図6-2 輸入関税の効果（小国）

　余剰はどうなるか．やはり図を離れて，直感的に考えると，消費者は満足度が減少し，生産者は増加することが思い浮かぶであろう．政府は，関税収入を得ることになる．

　消費者余剰は ACG から DFG に減少し，生産者余剰は ABJ から DEJ に増加する．政府は EFHI（価格 AD×数量 HI）の収入を得ることになる．

　まとめると以下のようになる．

① 関税前
　　国内需要　AC　　　国内生産量　AB　　　輸入　BC
② 関税後
　　国内需要　DF　　　国内生産量　DE　　　輸入　EF
③ 余剰

	関税前	関税後	〈増減〉	
消費者	ACG	DFG	減	
生産者	ABJ	DEJ	増	
政府	0	EFHI	増	
全体	GCBJ	GFHIEJ	減	$-(\triangle EBI+\triangle FCH)$

第6章　貿易政策　49

全体で見ると余剰が △EBI＋△FCH 分減少する．ゆえに一国全体では，余剰の減少が起こり，輸入関税は好ましくないこと，自由貿易が好ましいことがわかる．

[問題]

ある財の国内の需要と供給が，それぞれ以下の式で示されている．

$d = 150 - 2p$ （d：需要量，p：価格，s：供給量）
$s = 2p$

この財の海外市場における価格は10であるが，それに政府が50％の関税を賦課したとき，輸入量はいくらか．

[解答]

輸入価格は10，関税後の価格は15．$p = 15$ を代入すると，$d = 120$，$s = 30$．したがって，輸入量は90になる．

1-2）大国のケースの部分均衡

関税を課すことによって生産，消費に歪みが出て，課税国に経済的な厚生の悪化を招くことを確認した．ところがA国が大国である場合には，A国が関税を課すことでB国は輸出価格を引き下げると考えるのが一般的である．これはA国の交易条件の改善につながる．図6-3で，A国が輸入する製品（例えば衣料）のA，B両国（B国は右側）の需要・供給曲線がそれぞれD，Sとして描かれている．関税が賦課されない場合はA国の希望する輸入量とB国が希望する輸出量が等しくなる価格 P_e で均衡する．これにA国が関税tを賦課したとする．するとA国での価格が上がり需要が低下して，B国からの輸出が減る．B国はこれをカバーしようとして輸出価格の引下げを行う．その結果，A国の輸入量とB国の輸出量が等しくなるまで価格調整が行われ，A国の消費者価格 P'，B国の輸出価格（A国の輸入価格）P'' で均衡する．

新しい均衡によって，A国は消費者余剰の減少を余儀なくされるが，生産者余剰は増加，政府も関税収入が生まれる．図4-3の場合と同様，A国全体での余剰の損失は △EBI＋△FCH となる．P_e と P' との差は t より少ないので，図6-2の場合より余剰の損失は少なくなる．さらに，関税収入は t×輸

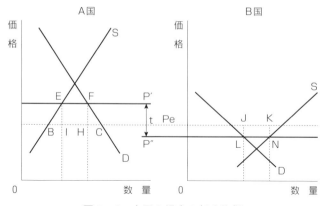

図6-3　大国の場合の部分均衡

入量なので，政府収入はABDEでなく，EFHI＋JKNLになる．すなわち，JKNLの分はA国民でなくB国民の負担になる．もしJKNLが△EBI＋△FCHより大きくなれば，A国は関税によって利益を得ることができる．

1-3）一般均衡分析と最適関税

いままでは1つの財（例えば衣料）のみを取り上げて関税の効果を分析したが，実際の経済事象は複雑で複数の産業によって構成されている．ここでは，2種の財の組合せにおける関税の影響について分析（一般均衡分析）する．

図2-1で説明した無差別曲線は，横軸，縦軸とも財の消費量で，消費無差別曲線と呼ばれた．この図における1つの無差別曲線を，横軸を自国からのある財Xの輸出量，縦軸を他財Yの輸入量とする図に書き写したものが貿易の無差別曲線である．

その作り方を図6-4に示す．原点より左の水平軸に輸出財の消費量，縦軸に輸入財の消費量をとり，消費の無差別曲線を描く．貿易のない場合は，生産可能曲線OABと消費無差別曲線U_0の接する点Cで均衡している．貿易が行われ消費点が他の消費無差別曲線U_1上の点Rで均衡したとする．この場合，図形OABがR点でU_1に接するように水平および垂直に移動させる．RDは自国でのYの生産量，REは消費量なので，DEはY財の輸入量である．RFはX財の生産量，RGはX財の消費量なのでFGはX財の輸出量になる．FGは縦軸より右にはみ出るので，原点Oより右に水平軸を伸ばしX財の輸

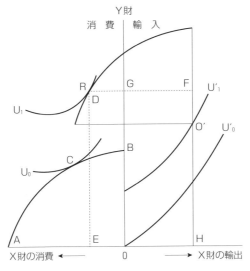

図6-4 一般均衡と最適関税

出量とすれば，O′の軌跡は消費無差別曲線 U_1 に対応する貿易の無差別曲線 U_1' となる．

同様，消費無差別曲線 U_0 に対応する貿易の無差別曲線 U_0' を原点0を通る貿易の無差別曲線として描くことができる．

図6-5でA国とB国のオファー曲線が示されている．オファー曲線とは，図3-7で説明したように財の相対価格が与えられたときの輸出と輸入の組合せである．貿易はE点でなされる．E点でA国のX財の輸出とB国のX財の輸入が均衡する．A国がB国からのY財の輸入品に関税をかけると先に説明したように輸入が減少して，その結果輸出も減少するのでA国のオファー曲線は左にシフトし，点線のようになる．

A国にとっての最適関税率 t^* は，B国のオファー曲線が与えられた場合，A国が手に入れる最高の効用を可能にする税率となる．B国のオファー曲線とA国の貿易無差別曲線の接する E′ において，A国の効用は最大化される．

このとき $tan\alpha$ がA国にとっての相対価格（Y財の価格/X財の価格）に等しく，$tan\beta$ がB国にとっての交易条件（Y財の輸出価格/X財の輸入価格）に等しいことを考慮すれば，$t^*=(tan\alpha-tan\beta)/tan\beta=BO/AB=1/(AB/BO)$ であ

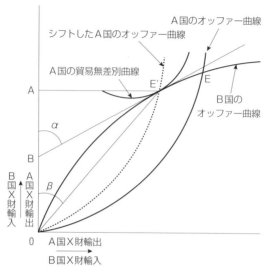

図6-5 大国のオッファー曲線

る．AB/BO は B 国の輸出供給の価格弾力性に等しくなる．

q を輸入価格/輸出価格とする．すると B 国の輸出供給の弾力性は，$\eta^*=(dM/M)/(dq/q)$ で，収支均衡の条件より $q=$ 輸入価格/輸出価格$=X/M$ である．X, M は輸出数量，輸入価格である．これを微分すると $dq/q=(dX/X)-(dM/M)$．これを η^* に代入して整理すると，$\eta^*=(dM/M)*(XM/(dX\cdot M-dM\cdot X))=(dM\cdot X)/(dX\cdot M-dM\cdot X)=-1/(1-(M/X)(dX/dM))$ になる．ここで $M/X=AO/AE'$，$dX/dM=AE'/AB$ なので，$\eta^*=-1/(-1+(AO/AE')(AE'/AB))=1/(AO-AB)/AB)=1/(BO/AB)$ で，$t^*=1/\eta^*$ になる．

この最適関税率は，貿易相手国を搾取することによってのみ可能であり，相手国が報復措置をとれば最適関税とはならない．

問題

ある財の需要曲線が $D=16-(1/6)P$，供給曲線が $S=(5/2)P$ で与えられている．D, S はそれぞれ需要量，供給量，P は価格．このとき，価格弾力性はいくらか．

第6章 貿易政策   53

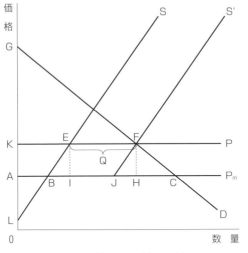

図6-6 輸入数量制限の効果

[解答]

価格弾力性は $(dD/D)/(dP/P) = (dD/dP) \cdot (P/D)$ である．(dD/dP) は $-(1/6)$．また市場均衡の状態は $D=S$ であり，それより $P=6$, $D=15$．答えは $-(1/15)$．

2）輸入数量制限の効果

次に，輸入数量制限の効果を，小国のケースに戻して，図6-6で説明する．制限のない場合は国際価格 P_m で，国内市場での供給曲線は LBC になる．輸入量を Q に制限すると，国内市場における供給曲線は S′ にシフトし，価格が P に上昇する．

① 制限前
   国内需要 AC   国内生産量 AB   輸入 BC
② 制限後
   国内需要 KF   国内生産量 KE   輸入 EF
③ 余剰

	制限前	制限後	〈増減〉
消費者	ACG	KFG	減

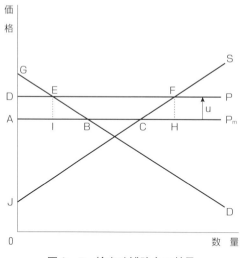

図6-7 輸出時補助金の効果

生産者	ABL	KEL	増
貿易業者	O	EFHI	増
全体	GCBL	GFHIEL	減 ($\varDelta$EBI+$\varDelta$FCH)

　全体で見ると，余剰が $\varDelta$EBI+$\varDelta$FCH 分減少する．ゆえに一国全体では余剰の減少が起こり，数量制限は好ましくなく自由貿易が好ましいことが理解できる．また輸入関税との相違は余剰の行き先である．輸入関税のケースで政府が得る余剰は貿易業者に行くことになる．

　以上の分析から輸入関税と輸入数量制限は同等と言われる．ただし，この同等性は完全競争下で成立するが，独占など不完全競争下では成立しない．なぜなら独占業者は国内の需要曲線から輸入制限数量を差し引いたものを新しい需要曲線と考え，この条件下で利潤の最大化を目指す．その結果，たとえ販売数量が減っても販売価格を高く設定するのである．この点はのちに確認する．

3）輸出補助金の効果

　最後に輸出補助金について考える．図6-7は輸出補助金の効果を示している．国際価格が P_m のとき，政府がこれに u の輸出補助金を出す．すると国内価格は P になる．

① 補助金前
   国内需要　AB　　国内生産量　AC　　輸出　BC
② 補助金後
   国内需要　DE　　国内生産量　DF　　輸出　EF
③ 余剰

	補助金前	補助金後	〈増減〉
消費者	ABG	DEG	減
生産者	ACJ	DFJ	増
政府	0	－EFHI	減
全体			－(ΔEBI＋ΔFCH)

やはり一国全体では余剰が減少していることがわかる．政府の余剰はマイナスになる．

　国内産業に補助金を交付して，関税を課していた場合と同量の国内生産量を維持する方策もある．

第7章
不完全競争市場と貿易政策

7-1 独占と輸入関税

第4章において,不完全市場での貿易を扱った.本章では,小国のケースを前提として,貿易政策との関係を説明する(図7-1).

需要曲線,供給曲線を描き,世界価格 P_m が存在するとしよう.この輸入財となっている財に輸入関税が課せられたとすると,価格は P に上昇する.このとき輸入量は MN に減少する.

7-2 独占と輸入数量制限

ここで輸入関税に代わり,輸入関税と同じ MN だけの輸入数量制限が課せ

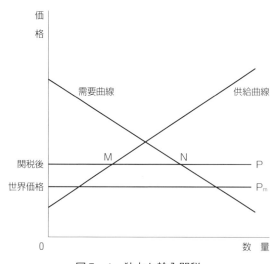

図7-1 独占と輸入関税

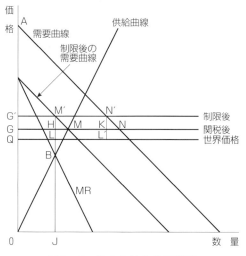

図7‑2　独占と輸入数量制限

られたと仮定する．

　制限後の需要曲線とMR曲線を描く．するとJで生産がなされることになり，関税が課されていたケースより，供給量は減少する．価格はGからG′に上昇する．これより，完全市場で説明した，輸入関税と輸入数量制限の同等性が成り立たないことが理解できる．

　次に，余剰を確認する．消費者余剰はG′GNN′分減少，生産者余剰は△G′GHM′分増加，△HMB分減少，輸入業者の利潤は□M′HKN′なので，輸入数量制限後の余剰は，関税の場合と比べて△HMB+△N′KNの面積分減少することが確認できる．

[問題]

　ある小国において，需要Dと供給Sがそれぞれ，$D=400-P$，$S=P/2$で定められるとする．Pは価格である．国際価格は180とする．ここで1単位当たり20の関税を課す．さらに関税を課した場合と同量の輸入数量になるように輸入制限を行ったとしよう．関税を課した場合と輸入制限を行った場合の総余剰の差はいくらか．また，この国内の財の産業が独占状態であったときの国内価格はいくらか．

【解答】
国内価格は200になる．このとき $D=400-200=200$, $S=200/2=100$ になる．ゆえに100が輸入される．関税を課した場合，消費者余剰，生産者余剰，政府の関税収入の合計は，$(200\times200)/2+(200\times100)/2+20\times100=32000$ になる．輸入制限後の需要関数は，$D=(400-P)-100=300-P$ となる．利潤は（総収入−費用総額）なので，最適生産量を求めるには，d(総収入)/d(生産量)=d(総費用/d(生産量)< MR(限界収入)=MC(限界費用)> となる．生産量を q とすると，$MR=d(300-q)q/dq=300-2q$ で $MC=2q$ なので，$q=75$ になる．ゆえに $75=300-P$ で，$P=225$ になる．図を描き，制限後の消費者余剰，生産者余剰，貿易業者の収入の合計は $175\times175/2+150\times75/2+75\times75+100\times45=31062.5$．この結果937.5減少する．

7-3 寡占（oligopoly）市場と貿易政策

戦略的貿易政策の説明をする．少数にせよ，市場に複数企業が存在する場合は，企業間に依存関係が存在するので，これまで説明した様な完全競争や独占の場合の条件付最適化問題ではなく，各企業の戦略的行動問題として捉える必要がある．

簡単な理論モデルとして，第三国の市場で企業 A，B が活動をしており，それぞれ，同じ需要曲線に対峙し，同一の費用関数で同質の商品を生産しているとする．各企業は相手企業の産出量を予測し，相手の生産量に対して利潤を最大化するよう自社の生産量を選ぶ数量競争（クールノー型競争）を行うことになる．

企業1，2の生産量を y_1, y_2，市場価格を p，各企業の利潤を π_1，π_2 とし，

$$\pi_1=p(y_1+y_2)-cy_1-F$$
$$\pi_2=p(y_1+y_2)-cy_2-F$$

ただし，c は定数，F は固定費用とする．
市場の需要曲線を

$$p=a-b(y_1+y_2)$$

ただし，a, b は定数とすれば，

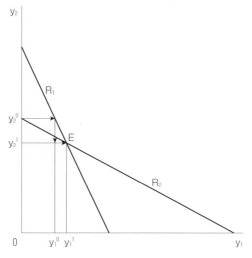

図7-3　安定的クールノー・ナッシュ均衡

$$\pi_1 = [a - b(y_1 + y_2)]y_1 - cy_1 - F \quad \cdots\cdots(1)$$
$$\pi_2 = [a - b(y_1 + y_2)]y_2 - cy_2 - F \quad \cdots\cdots(2)$$

利潤最大化の一階の条件は

$$\partial \pi_1/\partial y_1 = a - 2by_1 - by_2 - c = 0$$
$$\partial \pi_2/\partial y_2 = a - 2by_2 - by_1 - c = 0$$
$$y_1 = (a - c - by_2)/(2b) \quad \cdots\cdots(3)$$
$$y_2 = (a - c - by_1)/(2b) \quad \cdots\cdots(4)$$

(3),(4)式は，相手企業の生産量を所与とした場合の各企業の利潤を最大化する生産量を与える式で，それぞれの企業の反応曲線と呼ぶ．

図7-3に企業1，2の反応曲線 R_1, R_2 が画かれている．2つの反応曲線の交点Eでは，均衡状態にあり，クールノー・ナッシュの均衡と呼ばれる．この場合，2つの企業がE点の生産量を選ばず，E点よりずれた生産量を選んだらどうなるか．例えば企業2の生産量が y_2^0 であったとすると企業1は生産量を y_1^0 とする．すると企業2は生産量を y_2^0 に変更する．それを見て，企業1は生産量を y_1^1 に変更する．やがて，両企業の生産量はE点に収束する．しかし，反応曲線の傾斜が図7-4のような場合は不安定で収束しない．

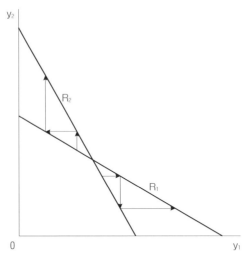

図7-4 不安定的クールノー・ナッシュ均衡

クールノー・ナッシュ均衡における各企業の行動パターンは，相手企業の生産量に追随して，自社の方針を決めるもので，「追随者」の行動ということができる．

[問題]

次の表はXとYの2つの企業がそれぞれ戦略A，戦略Bを選択したときの利益を示している．表の各欄の左がA社の利益，右がB社の利益である．ナッシュ均衡であるには，企業Aと企業Bはどの戦略を選択するか．

| | | 企業Y ||
		戦略A	戦略B
企業X	戦略A	5, 16	4, 8
	戦略B	5, 10	5, 16

[解答]

下線が選ばれる．

		企業 Y	
		戦略 A	戦略 B
企業 X	戦略 A	5, 16	4, 8
	戦略 B	5, 10	5, 16

[問 題]

企業 A と企業 B は類似した商品を販売しており，それぞれの商品の需要曲線が

$$d_A = 160 - 4p_A + 2p_B$$
$$d_B = 400 + p_A - 3p_B$$

で示される．p_A, p_B は企業 A, 企業 B の商品価格である．

費用関数はそれぞれ

$$c_A = 20x_A + 100$$
$$c_B = 10x_B + 200$$

で示される．x_A, x_B は企業 A, 企業 B の生産量である．

各企業は，他の企業の商品価格を所与として，自国商品価格を利潤最大になるように決定する．商品価格はそれぞれいくらか．

[解 答]

需要関数を変形すると

$$p_A = 40 - \frac{1}{4}x_A + \frac{1}{2}p_B$$
$$p_B = 400/3 + \frac{1}{3}p_A - \frac{1}{3}x_B$$

となる．

それぞれの企業の利潤は

$$\pi_A = \left(40 - \frac{1}{4}x_A + \frac{1}{2}p_B\right)x_A - 20x_A - 100$$
$$\pi_B = \left(400/3 + \frac{1}{3}p_A - \frac{1}{3}x_B\right)x_B - 10x_B - 200$$

それぞれを x_A, x_B で偏微分してゼロとおくと，$p_A=50$, $p_B=80$ になる．

戦略的貿易政策の数値例として以下を考える．左がA社，右がB社の利益である．

		B社	
		開発する	開発しない
A社	開発する	−20, −20	40, 0
	開発しない	0, 40	0, 0

A社が「開発する」を選ぶと，B社は「開発しない」を選択すべきである．一方，A社が「開発しない」を選ぶとB社は「開発する」を選ぶべきである．しかし，相手の行動はわからない．そこで，両社とも「選択しない」を選んでしまう．相手が開発をして損失を出すよりは，損得ゼロを選択するのである．

では，B国政府がB社の生産に30の補助金を出すとどうなるだろうか．

		B社	
		開発する	開発しない
A社	開発する	−20, 10	40, 0
	開発しない	0, 70	0, 0

B社は「開発する」を選ぶことになる．そのとき，A社は「開発しない」を選ぶべきである．結果，A社の利益はゼロだが，B社の利益は70となり，全体でも補助金を差し引いた40の利益が発生する．このように，貿易政策が利益をもたらすことが可能となる．

次に，対抗措置として，A国政府がA社の生産に30の補助金を出すとどうなるか．

		B社	
		開発する	開発しない
A社	開発する	10, 10	70, 0
	開発しない	0, 70	0, 0

B社は「開発する」を選ぶべきである．A社も「開発する」を選ぶべきである．A社の利益は10だが，国全体では−20であり，B社，B国も同様である．

[問題]

囚人のジレンマの問題である．以下の数値例を考える．共同で罪を犯した囚人に下記の条件が伝えられた．左がAの刑期，右がBの刑期である．

		B	
		自白	黙秘
A	自白	5年，5年	2年，10年
	黙秘	10年，2年	4年，4年

このときA，Bはどのような行動をとると考えられるか．

[解答]

相手が自白するのをおそれて自白する．その結果，お互いに黙秘すれば実現した刑期より重くなる．

囚人のジレンマに似た現象は現実の世界でも起こりうる．例えば，相手企業の出方のわからない競合関係にある2社が，互いに相手が値下げすることを恐れて値下げに踏み切り，値下げしなければ得られた利益を損なってしまうケースである．

第8章
国際貿易体制の新潮流と日本

8-1 GATT（ガット）とは

GATT（General Agreement on Tariffs and Trade: 関税と貿易一般協定）は，1948年に締結され，米国が主張していた，より市場原理に立脚したシステムが導入されることになった．日本も1955年に加盟した．発足の動機としては，1930年代に，英国，フランスが，それぞれの植民地保護のため，保護主義的な政策，具体的には，輸入関税や輸入数量制限を施行し，世界的な不況を招いたことにあると言われている．

1930年代のブロック化の状況を示すのが，表8-1である．

GATTの原則は，「最恵国待遇：MFN（Most-Favored-Nation Treatment）」，「内国民待遇（national treatment）」，「数量制限禁止」，「関税引下げ」であった．最恵国待遇とは，いずれかの国に対して与える最も有利な待遇を，他のすべての加盟国に対しても与えなければならないというもの，内国民待遇とは，輸入品に適用される待遇は，関税を除き，同種の国内産品に対するものと差別的であってはならないとするもの，数量制限については，関税その他の課徴金以外のいかなる禁止や制限を新設，維持してはならないというものであったが，例外もあった．

表8-1 ブロック内貿易の輸入比率

(単位：%)

	範囲	1929年	1938年
英国	植民地，自治領，保護国	30.2	41.9
フランス	植民地，保護国，委任統治領	12.0	27.1
ドイツ	東南ヨーロッパ6カ国，中南米諸国	16.7	27.6
日本	朝鮮，台湾，関東州，満州	20.2	40.6

出所）通商白書（2002）．

GATT の成果と問題点は下記にあげられる．

A．GATT の成果

　GATT の成果は，貿易の飛躍的な拡大である．国際貿易の金額は指数的に増加した．また，工業品の関税率は，GATT 施行前，約40％であったが，現在では大きく下がっている．日本経済の発展に大きく寄与したものと考えられる．さらに途上国が，この協定に参加したことも大きな成果と言えよう．参加国は増え続け，現在では160カ国・地域以上が参加している（WTO 参加国）．

B．問題点

　1）1980年代から，「輸出自主規制」など，新たな保護政策が登場
　2）知的所有権，サービス貿易など，工業・農業以外の貿易問題の登場
　3）結論の先送り

　3）については，紛争の当事者が納得できない場合に，それを解決するシステムが存在しなかったことが原因である．また先進国と途上国という構図も鮮明になってきた．

8‒2　ウルグアイ・ラウンド

　GATT が，その成果を最もあげたのは「ラウンド」であると言われている．これをきっかけに，関税率などは飛躍的に低下してきた．なかでも1960年代のケネディ・ラウンド（1964〜1967年），1970年代の東京ラウンド（1973〜1979年），1980年代から1990年代にかけてのウルグアイ・ラウンドが有名である．ここではその中から，ウルグアイ・ラウンドについて説明する．

　ウルグアイ・ラウンドは1986年9月，ウルグアイのプンタ・デル・エステで，4年計画で開始された．最終的な調印がなされたのは1994年4月である．そして以下の合意を得ることになった．

　1）工業：輸出自主規制の禁止
　2）農業：例外なき関税化と輸入数量制限の原則禁止
　3）サービス貿易：「最恵国待遇」「透明性の確保」を保証
　4）WTO の設置

　2）に関わり，日本の米は，西暦2000年まで国内消費量の4〜8％を段階的

表8-2 ウルグアイ・ラウンド前後年の工業製品への関税率

(単位：%)

	日本	米国	EC（当時）	カナダ	スイス	シンガポール	韓国	オーストラリア
前	3.9	5.4	5.7	9.0	2.2	12.4	18.0	20.1
後	1.7	3.5	3.6	4.8	1.5	5.1	8.3	12.2

出所）通商白書（2001）．

に輸入するという，ミニマム・アクセスが認められた．日本では国を二分する議論がなされた．関税化に反対する理由としては，食料の安定的確保，国土・環境の保全などがあげられた．それに対し前者については，安定的な輸入が必要であるという議論がなされた．頻繁に例としてあげられたのは1993年の米の凶作で，このとき日本はタイなどから米の輸入を例外的に行った．さらに，外国産の米に対する不安感が蔓延していた．

3）についてはGATS (General Agreement on Trade in Services: サービス貿易に関する一般協定) が定められた．分野は，実務，通信，建設・エンジニアリング，流通，教育，環境，金融，健康・社会事業，観光，娯楽，運送，その他の12分野であった．またTRIPS (Trade Related Aspects of Intellectual Property Rights: 知的所有権の貿易関連の側面に関する一般協定) では，著作権，商標，地理的表示，意匠，特許，IC設計図，営業秘密の7分野を対象にした．

ウルグアイ・ラウンドは総じて成功であったと言える．関税も大幅に削減されることになった．表8-2は，ウルグアイ・ラウンド前後の工業製品への関税率の変化である．

8-3 WTO (World Trade Organization) の誕生

1995年1月1日，WTOがGATTを継承する形で設立された．設立時の参加国は76の国・地域であった．ここではGATTとの相違を中心に説明する．

A．組織

GATTは協定であるが，WTOは組織となっている．WTOは国際機関であり，建物も職員も存在する．

B．テーマ

GATTは工業，農業が中心であった．WTOはそれらを継承しながらも，サービスや知的所有権も対象になった．WTOの目的は「生活水準の向上，完

全雇用の確保，高水準の実質所得および有効需要の着実な増加，資源の完全利用，物品およびサービスの生産および貿易の拡大」となっている．

C．紛争処理の方法

WTO体制に信頼性をもたらした最大の要因は，紛争解決の手続きにある．GATTの下での紛争案件数が1948年から1994年の間に314件であったのに比べ，WTOの下では1995年から2015年8月までに497件に増加している．

貿易に関する紛争が発生した場合，まずは2国間協議である．これはGATTでもWTOでも同様である．WTOの加盟国が申し立てを行えば，両当事国は解決を得るよう努力することになっている．しかし，一定期間内（通常60日以内）に協議によって解決できなかった場合，パネル（小委員会）に紛争を付託することができる．申立国が，パネルの設置を全加盟国により構成される紛争解決機関（DSB: Dispute Settlement Body）に対して要請する場合，DSBは，パネルを設置しないことについてコンセンサス（合意）が存在しない限り，パネルの設置の決定を行わなければならない（ネガティブ・コンセンサスまたはリバース）．紛争の当事国は，パネルの判断に不満がある場合には，さらに上級委員会に申し立てをすることができる．上級委員会は，パネルの法的な認定及び結論を支持，修正または取り消すことも可能である．ちなみに上級委員会は個人の資格で任命される7人の委員により構成される．

議長がある決定案を採択してよいか問い，加盟国より異議が出されなければ，議長はこの決定案をコンセンサス方式で採択された旨を宣言する．「全会一致」と訳されることがあるが，投票や挙手を行わない点がコンセンサス方式の特徴である．これに対し，「リバース（またはネガティブ）・コンセンサス」は，採択に反対することに「コンセンサス」が形成されない限り当該決定案を可決する（すなわち，全加盟国が異議を唱えない限り採択される）方式を指す．

パネルまたは上級委員会の報告書は，DSBによって，勧告又は裁定というかたちで採択される．パネルまたは上級委員会は，ある措置がWTO協定に適合しないと認める場合には，DSBはその措置の関係加盟国に対し，その措置を協定に適合させるよう勧告することになる．パネルまたは上級委員会は，その関係加盟国がその勧告を実施しうる方法を提案することもできる．しかし基本的には，関係加盟国の裁量に委ねられている．

関係加盟国は，DSBによる報告書採択以降，直ちに履行することができない場合，履行のための適当な期間を与えられる．この期間内に勧告を履行する

ことができなかった場合，申立国は代償を求めることができる．代償について合意がない場合には，申立国は，いわゆる対抗措置をとることについてDSBの承認を求めることができる．DSBは，妥当な期間満了から30日以内に対抗措置を承認しなければならない．また，被申立国が勧告を実施するための措置をとった場合であっても，申立国が被申立国の実施の内容について異論がある場合には，申立国は，勧告実施のためにとられた措置についてパネルに付託することができる．この勧告実施のパネルの判断も上級委員会に申し立てることが可能である．

　従来のGATT体制における紛争解決手続においては，パネル設置やパネル報告の採択などの決定をコンセンサス方式で行っていたため，GATT違反を問われている国が一国でも反対すると決定が阻止されるという問題があった．WTO協定の下では，従来とは逆に，コンセンサスによって反対されない限り決定される方式がとられるようになり，ほぼ自動的に決定が行われるようになった．紛争解決の遅延を防止するため，紛争当事国の協議，パネルの設置からパネル報告の採択，勧告の実施などのそれぞれについて期限が設けられ，手続きが迅速に進行するようになったのである．上訴制度が導入され，上級委員会が新設された．これにより，WTO紛争解決制度の信頼性と迅速性が増したと言える．

8-4　WTOの課題とTPP

　むろん，WTOによりすべての問題が解決されたわけではない．関税引き下げや新たな貿易ルールの構築に向けて，2001年にドーハ・ラウンド（ドーハ開発アジェンダ）が開始した．そして2014年にようやく貿易円滑化，農業の一部および開発の3分野において「バリ・パッケージ」と呼ばれる部分合意が成立した．

　地域統合の動きは，多数の国家間で合意に達することが困難であることを考えれば，自然な動きであろう．これは，1930年に存在したようなブロック化の動きを導きかねない．EU，APEC（アジア太平洋経済協力会議），NAFTA（北米自由貿易協定），メルコスール（南米南部共同市場）などは，その典型的な例である．域内での発展を優先し，域外を排除するような動きが懸念される．例えば欧米諸国を中心とした市場原理をベースにした経済体制への移行には，競争力

の弱い途上国から反発が出ている．農業は典型的な例である．労働基準をめぐって，先進国と途上国の対立が起こったこともある．これはドーハ・ラウンドでも決定には至っていない．先進国やILO（International Labor Organization: 国際労働機関）は，強制労働や幼年労働の禁止，団体交渉権などの自由を認めない国に対する貿易制裁措置をとろうとしたこともあった．

こうして，やや小さな規模なものとして，FTA（Free Trade Agreement: 自由貿易協定），RTA（Regional Trade Agreement: 地域貿易協定）などが進行する．FTAについては，日本も2002年にシンガポール，2004年にメキシコ，2005年にはマレーシアと協定を結んでいる．うち，メキシコとは北米への自動車などの輸出といった利点も評価されていた．その後も協定締結は進み，2017年現在で合計16の協定が発効されている．RTAは一般にFTAを含んでおり，地域内での包括的な経済協定である．

FTAやRTAは域内での貿易を促進するだけでなく，競争力を高めるメリットもある．一方で，質がよくしかも安価な商品やサービスが必ずしもそうでない国（地域）に置き換わる可能性，さらには原産地証明の問題も発生する．1つ1つの商品・サービスにこれを定めるのは困難である．さらに，WTO，なかでも最恵国待遇の原則に抵触する側面もある．

TPP（Trans-Pacific Partnership）は，もともと，アジア4カ国のEPA（Economic Partnership Agreement）として2006年にはじまった．高い水準の貿易・投資の自由化と非関税分野（投資，競争，知的財産，政府調達など），新しい分野（環境労働など）などでの包括的な協定を目指すものである．日本は2013年に交渉へ参加し，この段階で米国を含めた12カ国が交渉に参加していた．世界のGDPの約4割，人口8億人の規模である．2015年には大筋合意がなされ，各国は批准に入ったが，米国トランプ新政権の誕生により，不透明なものになっている．なお，RCEP（Regional Comprehensive Economic Partnership）は，ASEAN 10カ国＋6カ国（日本，中国，韓国，オーストラリア，ニュージーランド，インド）が交渉に参加する広域経済連携であるが，締結には至っていない．

第9章
直接投資と多国籍企業

9-1 直接投資とは

　直接投資（FDI: Foreign Direct Investment）とは，海外子会社の設立，海外企業への出資など海外での経営参加，経営支配を目的とするものを指す．IMFの定義では，「居住者による，非居住者企業（子会社，関連企業など）に対する永続的権益の取得を目的とする国際投資」として，株式等の取得を通じた出資については，「出資比率が10％以上」を直接投資としている．日本の外国為替及び外国貿易法第23条では，対外直接投資を，「居住者による外国法令に基づいて設立された法人の発行に係る証券の取得若しくは当該法人に対する金銭の貸付けであって当該法人との間に永続的な経済関係を樹立するために行われるものとして政令で定めるもの又は外国における支店，工場その他の事業所（以下「支店等」という．）の設置若しくは拡張に係る資金の支払をいう」と定めている．

　なぜ直接投資は起こるのか．Duninn and Lundan（2008）は以下をあげている．

1）市場探求（market seeking）
　　大きなマーケットを持つ国の市場開拓などである．
2）効率探求（efficiency seeking）
　　低賃金など，生産要素の相違を利用する．
3）戦略的資産探求（strategic asset seeking）
　　技術やノウハウの入手などである．
4）資源探求（resource seeking）
　　天然資源の確保，供給などである．

　その他，時期によっては，為替レート，貿易制限の存在，立地条件（輸送手

段，法制度，税制，競合状況，言語，政治的安定性など）も考慮される．

なお，海外子会社の設立に関しては，M&A（merger and aqcuisition）FDI あるいはグリーンフィールド FDI のいずれかがとられることが多い．前者は海外の既存企業を買収するもので，後者は新たに海外子会社を設立するものである．

9-2 直接投資の理論

リカードーの理論では財の移動のみが前提とされ，生産要素の移動は行われなかった．しかしグローバル化を考えれば，この前提を崩して考えるのが現実的である．ここでは生産要素の移動が，より多くの経済的利益をもたらすことを理論的に説明する．以下のモデルはマクドゥーガルモデルと言われている．

自国と他国が労働と資本を使用して，ある商品を生産しているとする．横軸の幅 00* は両国の資本量の合計で，自国は 0 を原点，他国は 0* を原点とする．自国，他国の労働量を一定として資本の 1 単位の増加によって得られる生産物の価値（限界生産物価値）が MP，MP* として描かれている．それぞれの国で市場は競争的であると仮定すれば，資本の限界生産物価値は資本レンタル価格（資本財 1 単位の価格：自国 r，外国 r*）と等しくなるので，2 つの曲線は資本に対する需要曲線（r，r*）になる．

最初の自国の資本賦存量が 0K，他国のそれが 0*K であるとき，自国の資本

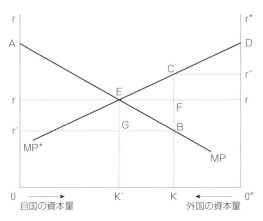

図 9-1　マクドゥーガルモデル

レンタル価格は r′, 外国は r″ であり, 資本が豊かな自国の資本レンタル価格は他国より低くなる. (r′<r″). 自国の所得合計額は ABK0 になり, 外国は CD0*K になる.

このとき自国資本はレンタル価格の高い外国へ流出し, K′ で均衡する. そして両国の所得の合計は BEC 分増加する. このように生産要素の価格が均等化していないことが資本移動を生む動機になることがわかる. そして直接投資が投資国にとっても受入国にとっても利益になることが確認できる.

[問題]
A国, B国の2国を考え, マクドゥーガルモデルを仮定する. 賃金を w とするとき, A国の労働需要は $L_A=-w+100$, B国のそれは $L_B=-w+60$ である. A国の労働供給は80, B国のそれは20とする. A国, B国で労働移動が自由になると, どのような労働移動が発生するか.

[解答]
両国の労働需要は $160-2w$ であり, それが $80+20$ に等しくなる. 賃金は30になり, そのときの労働力の過不足を計算する. A国からB国へ10の労働移動が発生する.

9‒3　直接投資の現状

日本の直接投資は, 1960年代には資本取引の制限もあり, ほとんど行われていなかった. 1970年代から資本移動の規制緩和, 円高の進行により活発化した. 主要相手は途上国であり, 資源開発のためであった. 1970年代後半から1980年代にかけては世界経済の低迷もあり, 米国など先進国に自動車, 電機など貿易摩擦解消のための投資がわずかに行われた程度であった.

1980年代後半からは状況が変わった. 米国などへの輸送機器, 電気機器その他金融・保険, 不動産などへの直接投資が活発に行われる. 差別化された商品への需要の勃興は, 現地生産の動きを生んだ. また, バブル経済の発生は, 非製造業, なかでも不動産投資を活発にさせた. 成長を遂げたアジアへも低賃金を利用した製造業の直接投資が相次いだ. 産業の空洞化という言葉が出てきたのはこの頃である. 図9‒2は1980年代中盤以降の直接投資である.

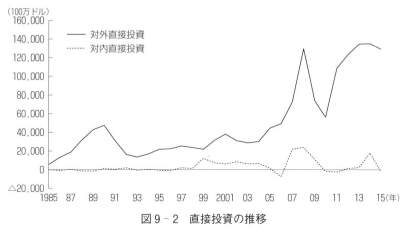

図9‐2　直接投資の推移

出所）JETRO.

　1990年代に入ってからはアジア向けの製造業の直接投資は堅調であったが，バブル経済崩壊の影響を受けた．2000年代はリーマンショックの影響を受けるものの，増加基調にある．2012年以降の円安も逆に貢献した．国内市場の縮小もあるが，サービス業を中心にM&Aが進んだことも大きい．

　対内直接投資の金額は大きな変化はないが，2000年代以降，対外直接投資は増加基調にある．対GDP比で見ると顕著である．投資国・地域別に見ると欧米諸国のシェアが大きいが，近年の傾向として，NIEsや中南米等からの投資も増え，投資国が多様化している．しかし，世界全体の対内直接投資残高を見ると，日本への対内直接投資が占める割合は約1％にすぎない．業種別構成は金融・保険など，特定の業種に投資が集中している．今後はイノヴェーションを起こすだけでなく，特区など，地域創成に果たす役割も期待される．

　各国のグローバル化の進展により，国境の壁を越えて活発な経済活動が展開されており，それぞれの特性をいかした国際的な機能分業が展開されている．日本は多くの基盤技術の集積や高度部品・材料の技術面において優位性を有している．しかし，アジア諸国の技術力の向上や，経済発展に伴う賃金上昇によって，そうした差が年々小さくなってきている．そこで，各国・各地域のビジネス環境や法律，税制などの制度のあり方が，投資・立地戦略に及ぼす影響が大きくなっている．

　直接投資との関連性は希薄な面もあるが，ODA（Official Development Assis-

表 9-1　ODA 予算

(単位：億円)

1980年	1990年	2000年	2010年	2017年
3516	8175	10466	6187	5527

出所）外務省．

tance: 政府開発援助）について説明する．まず，開発協力とは，開発途上地域の開発を主たる目的とする政府および政府関係機関による国際協力活動で，そのための公的資金を ODA という．政府または政府の実施機関は，平和構築やガバナンス，基本的人権の推進，人道支援などを含む途上国の開発のため，資金（贈与・貸付など），技術提供を行っている．

なお，世界全体での直接投資は大きく増加している．これには直接投資のメリットの認知の向上もあろうが，分業が世界で進んでいることもあげられよう．日本の拠出額（ドル：2015年）は世界 5 位，1 位から，米国，英国，ドイツ，EU になっている．

第10章
食と生活

10-1　日本の食料問題

　日本の農業は現在，岐路に立たされている．かつて高度成長の過程においては農業の生産性の向上，総生産の増大，そして生活水準の向上などが政府の施策として図られ，一定の成果を収めてきた．その後の急速な経済成長，国際化の著しい進展は日本の食料，農業，農村をめぐる状況を大きく変化させることになった．さらに高齢化，人口の減少が農業に影響を与えている．日本の社会は効率性を優先した大量規格生産型の工業社会から多様化・ソフト化・省資源化をベースとする循環型の社会へ転換している．豊かになった一方，栄養バランスの崩れ，生活習慣病の増加などが懸念される状況となっている．一方で，日本の食料供給は，輸入に大きく依存することで成り立っているため，海外の影響を極めて受けやすい構造となっている．

　こうした動きを背景として日本の食料自給率は年々低下し，主要先進国のなかでも最も低い水準である．表10-1は日本の食料自給率である．

　ちなみに2011年のデータ（供給熱量自給率）では，米国は127％，英国は72％，ドイツは92％，フランスは129％，イタリアは61％，オーストラリアにいたっては205％である．世界の食料需給は，世界の人口増加，畜産物消費の拡大などによる飼料穀物需要の増大などから，逼迫する可能性がある．安全な食料を将来にわたり安定的に供給するためのシステムを早急に確立することが求めら

表10-1　日本の食料自給率の推移
(単位：％)

	1960年度	2000年度	2014年度
供給熱量自給率	79	40	39
穀物自給率	82	28	29

出所）農林水産省「食料需給表」．

表10-2 農家戸数と農業就業人口の推移

(単位：万戸，万人)

年	1965	1970	1975	1980	1985	1990	1995	2000	2005	2014
農家戸数	566	540	495	466	438	383	344	312	285	216
うち専業農家（%）	21.5	15.6	12.4	13.4	14.3	15.4	16.0	18.2	22.6	28.7
農業就業人口	1,151	1,035	791	697	636	565	490	389	335	227
うち65歳以上	―	182	166	171	185	202	227	206	195	144

出所）農林水産省「農林業センサス」．

れる．このことは，単に食料・農業の観点にとどまらず，環境や国土の保全，国民生活のあり方にも関わってくる．

10-2　農業をめぐる問題

　高度成長に伴い農業部門から他産業部門への労働力の大きな移動があり，農家戸数が年々減少するとともに兼業農家の比率が高まった．**表10-2**は農家戸数と農業就業人口の推移である．

　若年層の都市部への流出などにより農業従事者の減少と高齢化が進み，過疎化により地域全体での活力が低下している．農地についても1960年をピークに減少に転じ，住宅地への転用，耕作放棄などにより面積が減ってきた．農業の規模も減少し，対GDP比率では，1960年には9.0%であったが，2015年では0.88%である．

10-3　これからの農業政策

　1999年に制定され，2008年に最終改正された食料・農業・農村基本法では，農業の持続的発展をテーマとして掲げ，農地，水，担い手などの生産要素の確保，望ましい農業構造の確立，自然循環機能の維持増進を課題としてあげている．さらに旧農業基本法では定められていなかった農村の振興を課題とし，農業の生産条件の整備，生活環境の整備など福祉の向上を課題としている．

　農業は食料の安定供給のみならず，国土の保全，水源の涵養，自然環境の保全，良好な景観の形成，文化の伝承といった多面的な機能を有している．あらためて新しい農業のあり方を考えてみなければならない．なお，2017年現在，

コメの減反政策，農協改革が議論の対象になっていることも記しておく．

　2014年に，安倍内閣は「攻めの農業」を掲げた．農林水産物の輸出額を2020年までに現状の2倍近い1兆円規模へ拡大する計画である．一方，日本は農産物貿易に関して赤字国で，食料自給率も低く，農産物の「輸出大国への道」は厳しい．

　最後に，スマート農業の進展を期待したい．ロボット技術，ICT（衛星を活用したリモートセンシング技術やクラウドシステム）を活用して省力化・高品質の生産を実現する，新たな農業の実現は間近である．最適な時期に自動で収穫をするロボット，地形に関係なく稼働するドローン，自動運転農機，温室を常に一定の環境に保つ装置など，試験段階のものを含め導入が図られ始めている．

第11章
米国経済の動向

11-1 連邦準備理事会

　米国経済を論じる場合，大統領名を冠した経済政策名称で語られることが多いが，連邦準備理事会の存在，役割を抜きにはできない．

　連邦準備理事会（FRB: Federal Reserve Board）は米国の中央銀行に相当する政府機関である．金融政策の実行や予算の割り当て，人事について時の政府から干渉を受けず，大統領に対してすら強い独立性を有している．政局の影響を排除し，独立性保持のため，7名の理事の任期は14年で，理事の中から4年任期の議長，副議長が選出される．歴代の議長は，米国のみならず，世界経済に強い影響力を発揮してきた．以下，最近の歴代FRB議長の時代を追って，米国経済の推移を概説する．

11-2 ボルカー時代の経済政策

　1970年代後半，米国経済は深刻な状態に陥っていた．不況下のインフレーションが起こったのである．具体的には，賃金が下落し，失業が増大しているにもかかわらず，インフレーションが昂進した．この時期，スタグネーション（stagnation: 不況）とインフレーション（inflation）が合わさってスタグフレーション（stagflation）という言葉が造られた．

　ボルカーFRB議長（在任1979〜1987）は就任した1979年より，ボルカーショックと呼ばれる金融引き締め政策を断行し，その副作用はあったものの，スタグフレーションを終わらせるきっかけを作ったと言われる．

　レーガン大統領は，ボルカーFRB議長の意見を受け入れ，以下の政策を施行した．これらの政策は，当時としては，非常に斬新なものであった．

1) 歳出削減：投資を促進させ，景気を拡大させるため．
2) 減税：消費・投資を促進させ，景気拡大させるねらいがあった．具体的には，企業減税，投資税額控除，加速度償却などを実施した．
3) 通貨供給量の抑制：インフレーションを抑制するねらいがあった．いわゆるマネタリスト的な考え方が援用された．
4) 規制緩和：政府による産業への規制の緩和

 こうした政策は，レーガノミクスと呼ばれた．これらの施策の結果として，「強いアメリカ」といった標語のもとに，軍事費が増大し，財政赤字は拡大し，金利は上昇，ドル高となった．減税により消費は増大したが輸出が減少し貿易収支が赤字となった．投資の減少とドル高による輸出の削減もあり，景気は上昇しなかった．

 1985年にはG5 (Groupe of Five) によるプラザ合意 (Plaza Accord) が成立，ドル高は是正された（日本は急激な円高）．

11-3 グリーンスパン時代の経済政策

 プラザ合意後，急激なドル安によって景気後退が懸念されたので，1987年2月にG7によるルーブル合意が発表され，行き過ぎたドル安是正のための協調が確認された．しかし，1987年10月にブラックマンデーと呼ばれる株価の大暴落が起こった．大暴落の原因としては，財政と経常収支の赤字，ルーブル合意に対する投資家の不安，当時，稼働を始めた自動株式売買装置の暴走などがあげられている．

 ブラックマンデーのわずか2カ月前に就任したグリーンスパンFRB議長（在任1987～2006）は，金融危機に立ち向かい，投資家の心理を鎮静化する議長声明により，金融市場の崩壊を防いだと言われている．

 次のブッシュ大統領（在任1989～1993）就任当初は，いわゆる双子の赤字（財政赤字と経常収支の赤字）が負の遺産として残っていた．政府の政策は大きく変わらず，財政赤字が深刻化し，増税が議論された時期があったものの，増税はせず，歳出もインフレの範囲内に抑制するとした．規制緩和も同様継続された．そして，政権末期に景気は回復の兆しを見せた．

 グリーンスパンFRB議長は引き続き5期にわたりブッシュ (sr.)，クリント

ン，ブッシュ（jr.）各大統領を支え，米国史上最長のFRB議長となった．

　ブッシュ（sr.）大統領から，クリントン大統領（在任1993〜2001）への交代の前後から，グリーンスパンFRB議長は，新しい経済対策を政府に提言した．その骨子は，景気回復のために財政赤字を削減し長期金利を下げ，投資や消費を増加させることを狙ったもので，そのための手段として特徴的なのは，増税であった．具体的には，最高税率を31％から39.6％に引き上げ，関連税を上げるものであった．増税と同時に，中低所得者層には，減税を発表した．歳出の削減は，軍事費の削減という形で打ち出した．軍事費の削減については，東西冷戦の終結という出来事も幸運に作用した．

　次に打ち出した政策は，公共投資の増加である．日本で公共投資というと，道路，上下水道の整備，地域振興などの諸事業などが思い浮かぶであろう．これは米国でも例外ではないが，少し趣の異なる要素も含んでいた．産業基盤の整備に加え，生涯教育，労働者訓練などにも投資，競争力の向上や雇用の拡大を目指した．研究開発に関する減税措置も実施した．米国経済は1990年代，拡大基調を継続し，1994年頃から大きく成長した．この時期「失われた10年」と言われた日本とは全く逆の動きを見せることになった．失業率も日本を下回った．さらに注目すべきことは低インフレが継続したことである．

　この原因としては以下が考えられる．

　　1）財政赤字の削減：これは金利の低下を招き設備投資や消費の増加を導いた．それに加え株式の購入により株価が上昇するという好循環も招いた．
　　2）リストラ，情報技術（ICT: Information, Communication and Technology）革新：国際競争力の向上．
　　3）日本，アジア，欧州の景気低迷によるドル高：これは低インフレを招いた．輸出も減少しなかった．
　　4）原油安
　　　1992〜1999年の原油価格は1バレル20ドル前後で推移した（2008年7月に記録した最高値は，1バレル147ドル）．

　2000年頃から米国の景気にも陰りが出始めた．そのような中，ブッシュ（jr.）政権（在任2001〜2009）が誕生した．経済政策の柱はやはり減税であった．さらに，教育にも相当の財政的措置を採った．

2001年9月には世界貿易センターでの悲惨な事件があった．経済活動の停滞，景気低迷が心配され，事実米国経済は厳しい状況に陥った．原油価格の高騰や消費者心理の冷え込みも発生し，雇用の悪化，生産・設備投資の回復の遅れ，企業会計への不信と株価の低迷も起こった．1998年に29年ぶりの黒字になった財政収支が2002年度から赤字になり，経常収支（第16章で詳しく説明する）の赤字と並んで，再び双子の赤字に陥ることになった．その後，米国経済は復活し，2001年7〜9月期以降，長らくプラスの成長を遂げた．

11-4　バーナンキ時代の経済政策

グリーンスパンFRB議長の後任にはバーナンキ議長（在任2006〜2014）が就任した．ほどなく，2007年10〜12月期において，住宅投資，設備投資，個人消費がマイナス成長になった．個人消費がマイナスになったのは1991年以来で，雇用環境の悪化，原油価格上昇に伴う物価上昇が影響した．ただし，実質経済成長率はマイナスにはならなかった．政府は2008年2月には緊急経済対策法（Economic Stimulus Act 2008）を施行した．この規模は1680億ドルに及び，所得税の戻し減税や企業の設備投資を活発化させるための税制優遇措置からなっていた．FRBは2008年頃から，相次ぐ異次元の金融緩和政策を発表し，マネタリーベースを飛躍的に増加させた．こうして2008年春には景気は上向いたが，戻し減税の終了と共に再び厳しい状況に陥った．この時期，金融政策としては政策金利が大幅に下げられた．

2007年にはサブプライム問題が発生した．住宅ローンなどの審査には通りにくいような信用度の低い個人向けローンは，主に住宅を担保とする住宅ローンに限定されていた．この債権を証券に組み入れた商品が世界的に販売されたが，格付け機関は，住宅価格の上昇を前提に結果的に高い保証を与えていた．しかし，2007年夏頃から，不況の影響で住宅ローン返済の延滞率が上昇しはじめ，担保となっていた住宅を手放そうにも，そこに付けられた価格が低下，住宅バブルの崩壊と不良債権の発生を引き起こした．そして，世界中の金融機関で信用収縮の連鎖反応が起こった．

2008年9月には，証券会社リーマン・ブラザーズが経営破たんしたリーマンショックが起こり，世界全体の株価の時価総額が半減するほど，世界経済に甚大な影響を及ぼした．

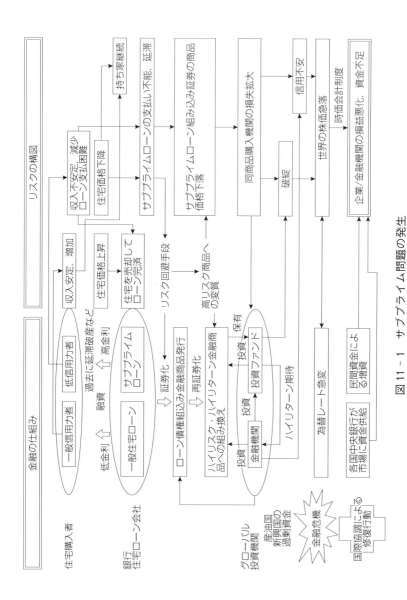

図 11-1 サブプライム問題の発生

出所）毎日新聞2007年8月11日、日経新聞2007年8月19日、金子隆昭「政権交代後の経済金融危機対応策の課題 ― 金融機関の資金強化から金融機能の円滑化へ」立法と調査、No. 299、2007年、pp. 23-35、等に基づき加筆修正。

ブッシュ大統領は2期務め，オバマ大統領（在任2009〜2017）に代わった．政権交代後もバーナンキFRB議長は再任され，突発する金融危機に対して，非伝統的な金融政策を実施した．新政権は1）低中所得者層を中心に減税・富裕層への増税と公共投資，2）イラク撤退による戦費の減少，財源確保，3）失業者向け保険，医療給付の拡大，4）代替エネルギー，クリーンエネルギーの開発と投資，を打ち出した．

2010年7月にはボルカールール（ドッド・フランク法）が成立した．これはリーマンショックのような金融危機から株式市場を守り安定化するため，商業銀行によるヘッジファンドへの出資を禁止し，自己資金による高リスク商品投資を抑制するもので，ボルカー元FRB議長の提言によるものであった．

11-5　イエレン時代の経済政策

オバマ政権は2期8年続き，政権後期にFRB議長にイエレン氏（在任2014〜）が就任した．イエレン議長はバーナンキ前議長の方針を踏襲し，金融緩和の長期継続で景気がある程度回復したと見ると，徐々に金融緩和の縮小を開始した．

2017年，共和党のトランプ政権が誕生した．そして，かつてない規模での減税，インフラ投資などを打ち出した．移民対策，TPP離脱，NAFTAの見直し，医療給付の見直しなども掲げている．

移民審査の厳格化により，労働力不足を引き起こせばインフレにつながりかねない．保護主義的な貿易についても，輸入関税の引き上げ次第では，やはりインフレへの懸念が残る．大規模な公共事業については，短期的な効果は見込まれようが，財政悪化，金利上昇の可能性も否めず，総じて，設備投資や消費の減退を引き起こしかねない．それは世界経済にも影響を与える可能性がある．そこで，新政策の実行には財政，金融の裏付けが必要であり，経済の安定が維持される必要がある．

FRBは，リーマンショック後，大規模な金融緩和政策を採ってきた．その結果，中央銀行に相当するFRBのバランスシート（資産残高）はリーマンショック前の9500億ドルから，バーナンキ前FRB議長の時代には，4.5兆ドルにまで膨らんだ．イエレンFRB議長の役割の1つは政府の政策を支援しつつ，景気の動向を注視しながら徐々にバランスシートの縮小を目指すことであろう

が，急激な利上げにより経済にショックを与えることには慎重であり，市場および政府との対話を重視しながらも，難しい舵取りを行っている．

　イエレン議長は，カリフォルニア大学バークレイ校の教授を務めた経済学者で，1977年，FRBエコノミストとなり，1994年，理事に選出され，2010年よりバーナンキ議長時代の副議長を務めていた．

　なお，2018年2月より，パウエルFRB理事が新議長に就任予定である．

第12章
欧州経済の動向

12-1 EUの成立

　欧州統合の動きが鮮明に出てきたのは欧州に戦禍を及ぼした世界大戦の反省からであった．元英国首相チャーチルは「ヨーロッパ合衆国」という構想を出した．その後1958年には，ベルギー，フランス，西ドイツ（ドイツ），イタリア，ルクセンブルグ，オランダによりEEC（欧州経済共同体）という組織ができた．そこに英国は加わらなかったが，EC設立の際には，英国も参加することになった．ECは，欧州経済共同体（EEC）設立条約および欧州原子力共同体（EURATOM）設立条約（以上ローマ条約），欧州石炭鉄鋼共同体設立条約（パリ条約）に基づいて設立された．

　1968年には，EEC加盟6カ国間で，関税同盟（Customs Union），すなわち，輸入にかかる対外関税の共通化と域内関税の撤廃が実現した．EUになっても，この関税同盟は適用された．1969年にはウェルナー首相などからEMU（Economic and Monetary Union）が検討課題とされ，この頃から経済・通貨統合の話が本格化したが，変動相場制導入，1973年の第一次石油ショックなどもあり実現は遠のいた．1992年（発効は1993年）にマーストリヒト条約が調印された．これは「共通通貨」「共通市民権」「共通外交・安全保障政策」を目指す画期的なものであった．それとともにECはEU（European Union）に事実上，移行した．2000年代前半までは，共通通貨ユーロの実現（ユーロ導入国とEU加盟国は一致していない），加盟国の東方拡大，欧州憲法条約の締結など，順風と言える状況であった．共通通貨ユーロについては12-3で説明する．

12-2 市場統合への動き

　つぎに市場統合の動きについて説明する．1985年，欧州委員会は「域内市場

白書 (White Paper on the Completion of the Internal Market) を発行した. この白書は, 通貨統合に先立って行われた市場統合の完遂を目的に EC 委員会によりまとめられたもので, 同白書はミラノ欧州理事会において承認され, 欧州は域内における統合市場完成へと動き出すことになった.

その序文では, 1992年までに単一の域内市場を実現する, 市場統合によって企業の競争, 経済活動を活性化させることが急務であるとし, それを実現するための計画とスケジュールを提示するとしていた. そして, 1987年, 白書をもとに作成された新たな条約「単一欧州議定書 (Single European Act)」が発効し, 単一市場構築の目標期限が1992年12月31日に設定された. この単一域内市場の理念の源は1958年のローマ条約に遡ることができる. そこでは単一域内市場実現のため, 1) 財の移動に対する制限がない, 2) ヒト・サービス・カネの自由移動に対する障壁の除去, 3) 市場内の競争を損なわない制度の創設, 4) 法律の整備, 5) 税の一元化を推進させるとしていた.

白書により1985年から1992年までに非関税障壁を撤廃することになった. GATT により関税は大きく削減ないしは撤廃され, 1990年以降は非関税障壁の撤廃が著しく進行していたが, 市場統合の動きはこの白書によって加速され, 企業活動も大きく変化した. 企業は, 域内の生産の最適地へ拠点を集約し, 製造部門での M&A が進行することになった. 1980年代以降, 米国や日本の企業進出も進んだ.

さて, そもそも市場統合の目的は何だったろうか. ミクロ的な効果としては, 国境における経費の削減, 規格・基準の統一などの「技術的障壁の除去」,「規模の経済の享受」があげられる (チェッキーニ報告). マクロ的な効果としては, 大域内での経済活動が活発化し, 成長が見込める. 具体的には, 加盟国間の輸出入手続きの簡素化・平準化に加えて, 商品やサービスにおける選択肢の増大, 質の向上および安全性の確保, 加盟国間の移動の容易化, 例えば居住や就労の選択肢の増大・容易化, エネルギーや通信にかかるコストの削減などが実現した.

EU 経済は大きく成長することになった. EU は1970年代以来の活性化を享受することとなり, 市場統合は EU 経済の活性化という目的を達成したと言えよう. 一方でデメリットも存在した. なかでも競争の激化, 失業の増加, ブロック化は大きな問題として提起された. そして移民の問題は欧州に激震をもたらす要因となった.

12-3　通貨統合

2002年1月1日，欧州統一通貨ユーロは12カ国の参加を得てスタートした．1999年に企業，金融機関のレベルで使用されていたが，消費者レベルでそれが用いられることになった．かつて世界を席巻したドイツマルク，フランスフラン，イタリアリラなどは，法定通貨としての価値を失った．

通貨統合のメリットは次の1）〜4）である．

1) 為替リスクの軽減
2) 取引費用の削減
3) 金融市場の拡大（商品，サービスの開発，発展）
4) 競争の激化による商品選択肢の拡大

それに対してデメリットも存在する．そのうちもっとも大きなものは，域内各国間において為替レートを通じた不均衡の調整が不可能になることであった．むろん，為替レートを政策手段として使用することは現在では困難となっているが，為替レートは一国経済に大きな影響を及ぼしている．また，統一された中央銀行が存在することにより，通貨主権を失うことになり，独自の金融政策を施行することができなくなることもデメリットとされる．

通貨統合に参加するためには為替レート，金利，インフレ率，財政赤字，累積債務についての5つの条件を満たさなければならなかった．

このうち為替レートについては，1979年に創設された制度，EMS (European Monetary System) の中で細かい規定が定められた．もっとも重要なことは，ERM (Exchange Rate Mechanism) と呼ばれる為替レートの変動幅を遵守しなければならないことであった．具体的には，いずれの参加国2カ国間に対しても，変動幅（時期，通貨間によって異なるが，2.25％，6％，15％などがあった）を遵守しなければならず，それを超える場合には通貨当局は介入をしなければならないとされた．例えば円とドルが，その通貨圏に含まれていたとする．そして1ドル＝100円であったと仮定しよう．そのとき2.25％の変動幅が許容されていたとすると，1ドル＝102円25銭までは円安になることが認められるものの，それ以上に円安が進めば通貨当局は介入をして円高方向への誘導を図らなければならなくなる．

通貨統合の具体的な条件は下記の通りであった．

1）ERM の変動幅を2年間遵守
2）長期金利が最も物価が低い3カ国の金利の平均より2％を上回らないこと
3）インフレ率がそれが最も低い3カ国の平均値よりも1.5％を上回らないこと
4）財政赤字が GDP の3％以内
5）累積債務が GDP の60％以内

　参加各国は，こうした厳しい条件をクリアーして通貨統合にたどり着いた（事実上，条件の緩和もなされたが）．このうち最も達成が厳しかったのは財政赤字であった．現在の日本は，到底通貨統合に加わることはできないであろう（非現実的だが）．2017年時点で，累積赤字は230％（一般政府ベース）に及んでいる．

　加えて，欧州の参加各国では厳しい構造改革がなされたことを付記する．ただ1993年以降には為替レートの変動幅を±15％とし，財政赤字と累積債務についての基準を緩和するなど，若干の見直しがあったのも事実である．

　最適通貨圏（optimum currency area）の理論にも触れておく．共通通貨の導入に参加するかどうかは，各国にとって大きな問題であろう．その際に理論的な観点から援用されたのが，最適通貨圏の理論であった．判断の材料の1つは労働の移動性である．マンデル（Mundell）により主張され，労働の移動性が活発に行われている国では，為替レートの調整に頼ることなく，各国間の非対称的な（asymmetric）ショックを吸収できるとされる．2つめはマッキノン（McKinnon）により主張された経済の開放度（openness）である．貿易において経済が開放されていると，通貨が統一されていても，貿易によってショックが吸収され，対称的なショックになる．非対称的なショックが起こらないならば，共通通貨の導入は可能となる．3つめは財政移転である．国際的な財政移転が可能であれば，非対称的なショックを吸収することができ，最適通貨圏を構成できる．日本はどうであろうか．この理論に則れば，あまりメリットはなさそうである．

12-4　ユーロ導入と今後

　2000年代後半以降，欧州の状況は一変した．2008年9月のリーマン・ブラザーズの破綻以降，欧州でも金融危機が発生し，金融機関の経営状況が悪化，金融機関の国有化や公的資本の注入などが行われた．2009年にはギリシャの財政赤字隠蔽が問題になり，2015年には共通通貨ユーロ使用国，EU 各国も巻き込み，経済のみならず，EU の存在意義への議論も呼んだ．なかでも財政規律の問題では議論が再燃した．同年にはシェンゲン条約やダブリン規約を揺るがす大量の移民の移動が発生，経済以外の面でも軋轢を生じさせることになった．2016年6月にはいわゆるブレキジット（Brexit）があり，英国の国民は僅差でEU からの離脱を選択した（英国はシェンゲン条約に加盟していない）．
　EU が機能すれば，米国に匹敵する大規模な経済圏が構築され，市場が活性化されて競争力が増す可能性がある．国別の貿易交渉を中心とした FTA ではなく，分野を広げた EPA，そして WTO やいわゆる関税同盟など，多国間の交渉に委ねるメリットはあろう．欧州にとっては成長への道筋を確保し，財政，雇用の問題などを解決していくことが求められようが，マーケットの大きさもあり，その帰趨は日本にも及ぶ．2017年に入りオランダの総選挙では与党が勝利，フランスの大統領選挙でも親 EU を掲げるマクロン氏が当選した．さらに，9月にはドイツの連邦議会選挙が行われた．
　課題もある．英国の EU からの離脱はまだ正式に認められたものではない．その交渉次第では，企業や産業が英国から撤退し，不動産市況にとどまらず，銀行の不良債権増加，設備投資や消費の減退といった可能性も否定できない．移民の問題，財政規律の問題，格差の問題など，域内での団結，コンセンサスが得られにくい問題も内在する．英国の GDP は世界5位であるが，それらは，英国，EU のみならず，世界経済へも少なからぬ影響を及ぼすこともありえる．英国内でも，イングランドとウェールズの離脱賛成，スコットランドと北アイルランドの反対と，国を二分する動きが顕在化した．英国民が EU 離脱を選択した理由は複雑であろうが，移民増加による就業機会の減少，賃金上昇率の鈍化，EU 拠出金が不要になることなどが提起されている．
　EU の中でもいわゆる南北問題があり，一枚岩ではない．南に位置する国々では，失業，移民，ブレキジットへの対応など，深刻な問題を抱えている．

先進国市場の中心は，いわゆるハイテク産業などである．資本集約的な産業での雇用の増加は大きく，労働集約的な産業のそれは小さい．欧州にとって失業の問題は長年に亘り大きな課題となっている．前者の産業に特化，集中している国ほど，高成長，輸出の増加，そして雇用面でも利益を得ることになる図式が世界ではできあがっている．欧州の輸出の中心は伝統的に低賃金や労働生産性の低い産業が中心になっている．それは他の製造業やサービス産業にも影響を及ぼすことになる．サービス産業については，現況において高いテクノロジー分野と密接に関わっている．EUは現時点で米国や日本に遅れをとっている．そしてアジア諸国の追い上げも激しい．

　日本への影響も注視しなければならない．英国の国民投票で離脱が選択された直後，急激な円高，株安が発生した．他国と同様，英国はEU全体でのゲートウェーになっており，ユーロを導入していないにも関わらず，ロンドンは世界の主要な国際金融センターになっている．こうしたメリットの享受の減退が，直接，間接の影響を及ぼす可能性も否めない．

第13章
アジア経済の動向

13-1 アジア発展の動機

　アジアが発展しているという見方に異論はなかろう．ただし，一口にアジアと言っても多種多様に亘り，国，地域，時期によっても状態はかなり異なる．しかし，あえて発展の理由をあげるとすれば，政治の安定，資本・技術の導入，高い貯蓄率，低賃金を利用した外国企業の進出，そして，勤勉な国民性もあげられよう．

　従来の発展国はNIEs（Newly Industrializing Economies：新興工業地域）諸国，すなわち，韓国，台湾，香港，シンガポールであった．これら諸国は「四小竜国」とも言われていた．それに対して近年はASEAN（Association of South-East Asian Nations）（タイ，インドネシア，マレーシア，フィリピン，ブルネイ，シンガポール，ベトナム，ラオス，ミャンマー，カンボジア）が発展の中心になっている．ASEANは，1967年に「バンコク宣言」により5カ国でスタートし，順調に発展してきた．そこでは自由貿易を目指したAFTA（アジア自由貿易地域）を1993年に形成，関税を5％以下にする計画が立てられ，2002年には一応の完成を実現した．2016年には，AEC（ASEAN Economic Community：アセアン経済共同体）を設立した．単一通貨を持たず，関税同盟でもなく，人の移動に制限はあるものの，関税率の低下はさらに進むであろう．RCEP（Regional Comprehensive Economic Partnership）も俎上に載っている．日本との関係では，1985年のプラザ合意で，円高の加速により賃金が安いアジア諸国に日本企業の海外進出が急速に進んだ．最近では，輸入の増加，日本からASEAN諸国，特にシンガポール，タイ，インドネシアなどへの直接投資が顕著で，その規模は，対米，対EUに次ぐ規模になっている．ASEANから日本への直接投資は米国に次ぐ規模になっているが，著しくは増加していない．日本からASEANへの観光客も増加傾向にある．

APEC 諸国も同時に発展した．APEC（Asia-Pacific Economic Cooperation）は日本，米国，カナダ，オーストラリア，ロシア，中国，韓国，シンガポールなどが加盟して1989年に設立された．2017年現在，21カ国・地域が参加している．経済規模では世界全体の6割，貿易量では5割，人口では4割を占め，貿易・投資の自由化，ビジネスの円滑化，安全保障，経済・技術協力などの活動を行っている．APEC では，加盟国を法的に拘束しない，緩やかな政府間協力の形を採っている．そのため，APEC ではより先進的な経済的取組を行うことが可能となっている．

　1980年代から現在まで，国際経済，中でも貿易面での大きな出来事の1つは，さまざまな経済圏ができあがったことである．欧州では EU が成立，EEA（欧州経済地域），CEFTA（中欧自由貿易協定）が存在している．北米では，米国，カナダ，メキシコの3カ国が自由貿易協定（FTA）である NAFTA（North American Free Trade Agreement）を成立させた．南米では MERCOSUR（南米共同市場），中米では CACM（中米共同市場），ANCOM（アンデス共同市場），アジアでは AFTA，SAPTA（南アジア特恵貿易協定），大洋州では APEC，CER（オーストラリア・ニュージーランド経済関係緊密化協定）などがある．さらに，NAFTA と EU，EU とアジア地域との提携，協調の話も持ち上がっている．

　日本とアジア諸国との貿易協定の動きは急である．2017年現在，EPA（経済連携協定）・FTA（自由貿易協定）の発効は，シンガポール，メキシコ，マレーシア，チリ，タイ，インドネシア，ブルネイ，ASEAN，フィリピン，スイス，ベトナム，インド，ペルー，オーストラリア，モンゴルである．

　こうした経済圏は，消費者に安価，良質な品の輸入を可能とし，企業も輸出拡大の機会を得られるが，域外国からの貿易に制約が加えられ，域内貿易に切り替えられるので，マイナスの貿易転換効果が働くこともありえる．1930年代の国際的不況を加速させた元凶とも言われ，GATT はその反省に立って創られた．しかし，近年，そうした声はあまり聞かれない．経済圏地域が相互に重なり合っているためか，域外との貿易や投資にも確実にプラスの影響をもたらしているようで，むしろ WTO の機能を補って，貿易や投資の活性化に役立っていると考えるのが一般的な見方である．

13-2　アジア通貨危機

　通貨危機は一般に，固定相場制を採用している国で，投機や経済状況の悪化などにより資本の急激な流出が起こり，経済が混乱するような状況を指してきた．多くの場合，変動相場制に移行することになった．例としては1980年代の中南米，1992年から1993年にかけての欧州，1994年のメキシコ，1997年から1998年のアジア，1998年のロシアなどがあげられる．

　1980年代の通貨危機は第1世代通貨危機理論で説明されることが多い．巨額の財政赤字の存在，それをファイナンスするために生じたマネーストック（マネーサプライ）の増加，さらにこのような状況で固定相場を維持させようとするための外貨準備の急激な減少によって，通貨危機，すなわち通貨の大幅な減価が発生するとの理論で，ラテンアメリカが典型例である．

　第2世代通貨危機理論は，投資家の市場動向や資産価格に対する予想が危機を引き起こし，経済の諸指標に問題がなくても固定相場制が維持できなくなるとの理論で，通貨投機に対抗するための外貨準備を国際金融市場で借り入れる，金利を上げる，財政赤字を縮小させる，資本規制を実施するなどのオプションが，政府で検討されることになる．しかしそれにはコストがかかる．したがって固定相場を維持するか否かは，費用・便益を比べた上になる．1992年から1993年の欧州通貨危機がこの代表例であると言われている．

　第3世代通貨危機理論は，金融危機と通貨危機の関係を重視する分析であり，アジア通貨危機はその例と考えられる．

　固定相場制と言われてもイメージがわいてこないかもしれない．1949年から1971年（変動相場制に移行）までは，1ドル＝360円の固定相場制の時代であった．固定相場制というのは，通貨当局があらかじめアナウンスした為替レートで自国通貨を外国通貨などに固定する制度である．外国通貨にはドルの場合もあれば，SDRといった通貨や複数通貨の合成された通貨バスケットに固定するケースもある．固定相場制には，為替レートの安定性というメリットもあれば，インフレが起こりにくい国の通貨を固定すれば，インフレーションが起こりにくく，信用が増すこともある．これに対して変動相場制には，国際収支を調整する必要がない，金融政策の自由度が高まる，投機が起こりにくいと言われている．通貨危機などの例はそれを物語っている．しかし資本移動が活発に

起こる状況下では，投機の安定性というメリットを享受しているかどうかは疑問である．

1997年，タイで始まったアジア通貨危機は，同国にダメージを与えただけでなく各国に飛び火した．その原因は以下のとおりである．

1) 為替レートの過大評価
1995年からドル高が起こった．それに対してアジア各国の通貨はドルにペッグ，すなわちドルに自国通貨の価値を結び付けていた．正確にはドルだけではないのだが，ドルを中心とした通貨バスケットにペッグしていた（割合は多くの国で公表されず）．ゆえに過大評価が起こった．

2) 米国の好景気
米国政府が景気を冷ますためにとった高金利が発生し債務の返済が困難になった．

3) 景気の悪化
通貨価値が実質的に下落した．米国を除く先進国は不況で低金利であったので，特にタイは相対的に高金利となって，資金流入（短期で引上げが可能であった），無理な投資（不動産，株などのバブルの発生）が行われ，その後に株離れが起こり不良債権が発生した．これらの原因により通貨切下げが予想され，バーツ離れが加速して変動相場制に移行せざるをえなくなった．

タイと同じ問題を抱えると判断されたアジア諸国からも資金の引上げが起こった．タイにはじまり1997年にはフィリピン，インドネシアが変動相場制に移行した．インドネシアでは，スハルト政権の崩壊にもつながったと言われている．韓国でも株式市場の下落が起こった．

これによってタイ，韓国，インドネシアは，IMFに1997年，緊急融資を要請した．IMFはそれに対して経済引締め政策，経済の自由化，規制緩和などを要求した．韓国の財閥，インドネシアのファミリービジネスなどについても改革を要求されることになった．

ただし，回復は予想よりも早まった．代表的な例は韓国で，1998年以降，経済は大きく成長し2002年の成長率は6.0％に及んだ．民間消費にやや陰りが生じたものの輸出でそれを補った．インドネシアはIMFの支援をきっかけにスハルト政権が崩壊するなど韓国より厳しい状況であった．2002年にバリ島で起

きた爆弾テロ事件は観光，消費だけでなく，投資の減少も起こった．タイは米国経済に依存するところが大きく，中国のWTO加盟により輸出が競合する危険性も危惧された．

13-3　通貨危機後の推移

　アジアは通貨危機によって大きな打撃を受けることになったが，2003年に入ると緩やかながらも総じて拡大基調に入った．しかし，物価面には一時的に大きな問題が生じることになった．中国，香港，台湾，シンガポールではデフレ傾向になり，日本でも緩やかなデフレが続いた．他方，韓国，インドネシア，タイは通貨危機を経験したが，通貨を大幅に切り下げ，大胆な構造改革を実施することによって回復を実現した．

　韓国では，ウォンの増価にもかかわらず堅調な海外需要などを背景に，IT関連財や船舶，自動車等を中心に輸出が拡大した．台湾は，韓国同様IT関連財などの輸出の緩やかな増加と，民間投資等の内需の堅調な伸びに支えられてきた．内需の増加は収まってきたが，輸出が牽引役になった．香港では，外需が深刻な影響を受けた米国向けの輸出の伸び悩みから低調に推移してきたが，内需が好調であった．ASEAN各国は，欧州向けなどの輸出が比較的堅調に推移してきた．シンガポールでは，IT関連財の輸出の伸びが緩やかとなったものの，医薬品を始めとした非IT関連財の輸出が力強い伸びを見せた．また，民間消費や建設投資，設備投資などの内需も活発であった．タイでは，民間消費や民間投資などの内需は政情不安等から停滞してきたものの，政府支出と輸出が景気を下支えしていた．マレーシアでは，内需を中心に景気が拡大してきた．フィリピンでは，好調な輸出などにより，順調な成長を遂げた．インドネシアでは，民間消費などの内需が景気を牽引してきた．

　しかし，リーマンショック後の2008年以降には異なった様相を見せる．世界経済減速の影響を受け，アジア諸国においては景気減速が鮮明になってきた．程度に差はあるもののNIEs，ASEAN諸国においても景気の減速が現れた．しかし，2017年現在，新興国を中心に経済は活況を呈しつつある．アジアでは，インドが好況に恵まれている一方，韓国，インドネシアでは，景気の持ち直しがやや遅れている．

　各国は相次いで景気対策を打ち出している．アジア地域は輸出依存度が高い

のが特徴で，今後のアジア経済を見るに当たっては輸出動向を注視していくことが重要である．

13-4　中国・新興国経済の現状

　中国経済の発展が始まったのは1980年代中頃からである．計画経済（価格，生産量を政府が決定）から市場経済へ移行すること，外国の資本（企業，資金），技術の導入をはかること，生産請負制が導入された．中国経済が目覚ましく発展したのは，1990年代になる．1992年には市場経済の導入が図られた．1996年には第9次五カ年計画により，計画経済から社会主義市場経済への移行が明確になった．2001年にWTOへの加盟を果たした．国有企業についても中小規模のものは非国有化が進み，近年ではハイテク製品のシェアも拡大している．

　中国経済の発展には以下の要因を考えることができる．

1 ）直接投資の流入
　　市場経済的な制度の導入が，主に非国有部門の資本形成に貢献した．外資系製造業への各種優遇措置（国内企業よりも大幅に低い法人税，関税率，輸出比率や現地調達比率を要求しないなど）が，加工，組立型の企業の進出を促進させた．
2 ）技術移転
　　これにより生産性が向上した．近年ではハイテク製品などの輸出も増加している．
3 ）経済的条件，特に低賃金
　　直接投資を決定する際に最も重要な要素と言える．

　一方で問題点も顕在化してきた．主なものは以下のとおりである．

- 物価が不安定：一時期はインフレが深刻であった．しかし，1993年から引締め政策がとられ1995年ごろから沈静化に向かった．
- 貧富の差の拡大：個人差はもとより都市部と農村部，沿岸部と内陸部で深刻である．
- インフラ不足：鉄道，道路，空港，港などの遅れが指摘されている．
- 環境問題：エネルギー効率の悪さ，大気汚染，水資源の劣化が問題にな

っている．外国企業が進出しても，税法の急な改正により撤退を余儀なくされるケースもある．なかでも付加価値税の取扱い，設備・機械輸入の免税撤廃問題，輸入関税率の高さなどが問題となってきた．

　2001年末，中国のWTO加盟が認められた．外資系企業の進出，輸入関税率の引下げ，非関税措置の削減・撤廃にどのように対応するかが課題である．これには，中国製品の販路の拡大，外国製品の価格低下，国内企業の国際競争力強化といったメリットがあるが，国内産業の保護といった点から危惧が出ている．中国は加盟にあたり，財，金融，サービスなど，多くの約束を課せられることになった．しかし2005年には自動車に残っていた輸入数量制限を撤廃，関税でも目標を達成している．流通分野では卸売，小売の出資比率制限や地理的制限が撤廃，保険分野でも地理的制限が撤廃された．銀行についても開放が進んでおり，2006年12月には，外資銀行に国内の人民元業務が全面開放された．
　電気機器の分野で，東アジア各国が部品等の中間財を中国に輸出し，中国国内で組み立て，先進国市場へ輸出するという東アジアの分業体制が深化．また，中国の投資・生産拡大に伴う資本財や中間財等の輸出の増加を通じて，周辺諸国の成長に対する好影響が指摘されるようになってきた．一方，中国はこれまで労働集約型の成長を遂げてきたが，労働コストの優位性が失われつつあるなど，産業の高度化が課題となる．
　中国経済は大きな成長を続けてきたが，2008年には1けた台の伸びへ鈍化した．鈍化傾向が現れてきた要因としては，何よりも世界経済の減速があげられるが，2007年後半から金融政策などの引締め，輸出抑制策の影響による輸出の減速，そして一時的な要因として，四川大地震などの大きな災害，北京オリンピック開催に伴う大気汚染浄化のための工場の操業制限などの影響があったことが考えられる．
　中国政府は，2008年頃から景気の拡大に陰りがみえる中，物価上昇率の低下も背景に金融政策を緩和に転じ，2008年9月には6年7カ月ぶりとなる政策金利の引下げを実施した．また，財政の発動も行った．そして景気は上昇した．しかし，2012年には中国経済は減速した．2010年以降の引き締め策，不動産価格抑制策に加え，過剰投資・過剰生産，過剰信用・過剰債務が原因と言われているが，2011年からの欧州経済の減速による輸出減少の影響もあった．それはアジア新興国や世界経済にも影響を及ぼすことになった．

しかし，2015年には小型自動車への減税，ネット販売など消費の伸長，医療支出の増加，雇用環境の改善，2016年にはインフラ投資などもあり，景気は持ち直しの兆候を見せている．2016年には，第13次5カ年計画が発表された．そこでは，マクロ経済政策の安定・充実，供給側の構造改革（過剰生産能力・不動産在庫の解消，規制緩和など），潜在需要の掘り起こし（地域開発など），農業・農村改革，対外開放，環境保護などが提起されている．なお，1979年以来の一人っ子政策も2016年に撤廃された．
　次に，ブラジルとロシアをとりあげる．
　ブラジルでは，現在，経済状況は芳しくなく，貧富の差も大きい．理由の1つは資源依存度の高さと言われている．資源の存在は為替レートを割高にし，新産業勃興の機会を奪い，貧富の差を拡大すると言われている．
　2000年ごろからの資源価格の上昇は，むろんブラジルにプラスに作用し，低所得者への分配増，格差の拡大解消に貢献した．世界的な景気拡大も好況に貢献した．しかし，2015年にマイナス成長を記録した．資源価格の下落，中国経済の停滞がマイナスに作用し，政府は社会保障関連経費，公務員の給与削減などには踏み切れなかった．財政赤字の増加，通貨レアルの下落とインフレーション，金利の上昇が発生し，深刻な状況に突入した．オリンピック開催の負担もあった．
　ロシアは，ブラジル同様，2000年ごろからの資源価格上昇の恩恵を享受した．しかし，2015年にはマイナス成長を記録した．ロシア経済の変動は大きいが，マイナスはリーマンショック後の2009年以来である．いずれも資源価格の下落が大きな影響を及ぼしているが，輸出はむしろ増加しており，内需の低迷がロシア経済を蝕んでいる．問題は，消費の増加が輸入を増加させる度合いが高いことであろう．ブラジルは農業への依存度も高いが，ロシアは輸入依存度が高く，インフレ率の変動が大きくなりがちである．ウクライナ問題に関わり，欧米からの制裁も解除されていないため，食料品価格のインフレーションも発生している．

第14章
日本経済の動向

14-1 バブルの発生

　1980年代以降の日本経済を俯瞰しよう．1980年代，日本は世界経済を席巻していたと言っても過言ではない．銀行の資産残高を見ても日本の金融機関が上位に並ぶという状況であった．エズラ・ボーゲル氏の『ジャパン・アズ・ナンバーワン』という本がベストセラーになった．

　急激な経済成長のきっかけとなったのは，バブルの発生であった．バブルのきっかけは，日本から米国への急激な輸出増加であったということが，通説になっている．当時「打ち壊し」などと言って，米国の各地の広場などで日本製の自動車を叩き壊すような光景がテレビで流されるようなこともあった．

　1985年にプラザ合意が成立し，実質的な円高誘導がなされた．すると金利の低下と物価の下落が起こった．ここでいわゆる「カネ余り」と呼ばれる現象が起こり，そのカネは土地や株式に回り地価や株価の異常な騰貴を招くことになった．当時は「土地神話」という言葉のように，地価は下がることはないという考えがあり，バブルによって地価が上昇すれば担保価値が上がることになり，旺盛な融資がなされることになった．一時的に円高不況と呼ばれる現象が起きたが，地価や株価の下落，ましてや著しい景気の後退を招くことはなかった．ちょうど，景気の拡大期と重なったこと，企業活動のグローバル化によりオフィス需要が高まったこともバブル発生に寄与した．

　株価を例にすると，1989年末の日経平均株価は3万8915円87銭と，史上最高値を記録した．

14-2 バブルの崩壊

　これに対して，1989年からは公定歩合（日本銀行が民間銀行に貸し出すときに適

用される金利）の引き上げや，1990年には不動産関連融資の総量規制が行われた．いまでは，それがあまりに急で厳しいものであったというのが通説である．バブルは徐々に崩壊し始めた．バブルの崩壊は，1990年代における最大の不況の原因であろう．金融機関は融資した資金の回収が困難になり，不良債権（non-performing loan）の増大を招くことになった．バランスシート不況という言葉も，このころ用いられた．

バブルの崩壊以外にも悪いことが重なった．1994年から1995年には米国経済の弱体化から円高が起こり，輸出の減少を引き起こした．企業はバブル期の過剰な設備投資に悩まされることになった．銀行は不良債権の発生もあり一転して貸し渋りに走った．消費者は先行きへの不安もあり消費を控えることになり，景気の回復を遅らせた．

14-3　未曾有の不況

政府はそれに対して大規模な公共投資など財政政策を実施し，あわせて減税も実施した．「総合経済対策」がそれである．公定歩合も過去最低値を断続的に更新するなど金融緩和を実施した．企業もリストラを敢行した．

こうした効果が現れたのだろうか，景気は1993年から1996年にかけて回復の兆候を見せ始めた．そして政府は消費税率の引上げ，公共投資の削減，医療費の引上げなどを実施した．1997年の消費税アップ（3％→5％）を前にした駆け込み需要もあったが，1997年にはアジア通貨危機が起こり，大手金融機関が破綻し，不良債権問題がクローズアップされることになった．1995年には阪神大震災が発生，さらに経済への打撃が加わった．

結局，残ったのは巨額の不良債権と財政赤字であった．金融システムは毀損し，消費は増加せず，物価の下落→企業収益の低下→失業者の増加・所得の減少→さらに物価の下落という，深刻な「デフレ・スパイラル」状態に陥ることになった．

株価も深刻な状況に陥り，2003年には，日経平均株価が7600円台になることもあった．同時多発テロの発生（2001年）や，イラク戦争など，米国経済の影響もあったと考えられるが，証券会社の不祥事から株式取引が敬遠された時期や，金融機関の株式持ち合いが株価低迷の原因として指摘されたこともあった．諸外国と比べて株式取引の規制緩和が遅れた事情も負の影響を及ぼした可能性

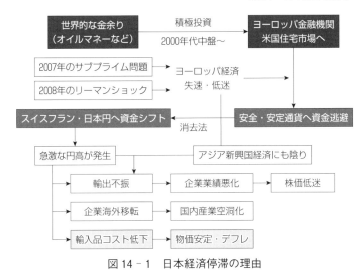

図14‐1 日本経済停滞の理由

がある．しかし，それらが直接株価低迷につながっていたとは断定はできない．相次ぐ倒産などによる企業収益の低迷と，高い信用リスク（クレジット・リスク）など，先行予想へのマイナスの評価が低迷の原因としてあげられている．

　日本銀行は低金利政策を採り，国内金利をほぼゼロ近くに誘導した．いわゆる「ゼロ金利政策」である．低金利になれば消費や投資が増え，景気がよくなる期待があったが，そうはならなかった．そこで日本銀行は2001年3月に，「量的緩和策（quantitative easing）」を採用した．これは日本銀行当座預金の残高を増加させることにより，金融機関の資金調達をより容易にし，市中に資金が行渡ることを期待してのことであった．この政策は他国では先例のない，非常にドラスティックな策であった．実施にあたり，日本銀行は消費者物価指数（CPI）が安定的にゼロ以上になるまでこの政策を継続すると公表し，そのコミットメントの効果もあったと言われている．

　2001年には，小泉内閣が誕生した．銀行の不良債権は2002年をピークに一気に減少し，2006年にはほぼ解消された．2003年後半より対米国，対アジア向けの輸出が増加するなど徐々に景気が上向き，明るさが見出されてきた．銀行の不良債権処理が進み，企業の生産調整もほとんど終わり，リストラの効果も出た．株価も上昇した．さらに郵政事業や規制の改革，自由化を一気に進め，「聖域なき歳出削減」の下，財政再建も進められた．当時，「官から民へ」「国

から地方へ」「改革なくして成長なし」といったスローガンが掲げられた．

そして，日銀は，消費者物価指数（CPI）の推移が，前記条件を満たすに至ったとして，2006年3月量的緩和の解除に踏み切った．同時にゼロ金利政策は当分継続すると発表した．危惧もあったものの，市場の反応は冷静であった．

しかし，その後景気の動向に暗雲が立ち込め，景気後退が鮮明になった矢先の2008年，100年に一度とも言われる世界的金融危機，リーマンショックが到来した．日本経済は，ヨーロッパ・アジア経済の停滞とともに，再び厳しい状況に入っていった．なかでも円高は日本経済に深刻な影響を及ぼすことになった．

14-4　リーマンショック後の日本経済

2012年，安倍内閣が誕生した．安倍内閣は「アベノミクス」を標榜し，金融・財政・成長戦略からなる政策を実施した．金融政策としては，デフレからの脱却を最大の課題として，2％のインフレ率を設定し，金融緩和政策を実施した．具体的には2013年4月には日本銀行による「異次元緩和」が実施された．財政政策としては，大規模な補正予算を策定，成長戦略としては，制度や規制の改革を通じて生産性向上を目指すことになった．

そして日本経済は回復への道筋を見せ始めた．株価の上昇・円安も発生した．これには，政府が発表する計画や予測により，一般の人々の行動が変わった，アナウンスメント効果もあったと言われている．そして，円安による輸出の恩恵，公共投資の増加，消費税増税（2014年4月）前の駆け込み需要もあった．ただし，円安により一方的に輸出が増えたとは言い難い．現地価格を引き下げて販売数量を増やすことを志向せず，品質を高くしたことがあげられている．2013〜2015年にかけて，食料品，日用品，外食などの物価上昇が発生したが，円高によりインフレ率は2016年に入り低下傾向になり，2017年に入ってやや持ち直しつつある．インフレ率の目標は未達成で，デフレは依然続いている．国民のデフレマインドは想定以上に強固で，その払しょくが求められている．

2016年にはマイナス金利が導入された．「マイナス金利付き量的・質的金融緩和」である．これは，高齢者などの消費マインドを低下させる懸念はあるものの，金融機関が日本銀行に預ける新規の預金の金利をマイナスにすることで，貸し出し意欲を高めることを狙いとしている．そして，株式など，リスク性の

高い資産へのシフトも期待されている．そして，2016年秋には，「長短金利操作付き量的・質的金融緩和」を新たに導入した．これは，金融政策の持続可能性を図るためと言われているが，金融政策の軸を「量」から「金利」へ変更したとも受け止められる．

「アベノミクス」の成果としてあげられるのが名目国内総生産（GDP）の増加である．1997年度の533兆円をピークに2009～2012年度には500兆円を下回ったGDPは2016年度には538兆円となり，やっと，過去のピークを越える所まできた．これに伴う税収の伸びも著しい．労働市場も大幅に改善されている．有効求人倍率も，バブル期を超える高水準にある．

今後は個人消費が本格的に増加し，根本的なデフレ脱出に成功することが最も重要な目標になる．それに至る道のりは非常に険しいものであろうが，金融，財政両政策を両輪とした政策が適切に施行されることが期待される．

一方，企業は，予想成長率の低さを考慮し，内部留保を増加，設備投資を抑制している．デフレ克服の鍵は，政府，日銀の政策以外に，企業の内部留保をどれだけ賃金上昇，設備投資に回せるかにかかっている．賃金上昇を可能とするためには技術進歩など，労働生産性を向上させる動きを起こすことが必須である．2017年に入り，人手不足が顕在化してきた．IoT（Internet of Things），ビッグデータ，AI（Artificial Intelligence）の使用などは，成長に資するだけでなく，過剰労働の軽減への期待もある．

さらに，潜在的な需要を喚起するようなイノヴェーションを期待したい．その点では，旧アベノミクスの第3の矢（民間投資を喚起する成長戦略）などの実行により，構造改革を着実に実行に移すことが，将来への安心感・期待感を増し，設備投資などの増加につながるものと考えられる．

第15章
為替レートの決定と決定要因

15-1　購買力平価説

　為替レートに関する代表的な決定理論を4つ紹介する．まず，購買力平価説（PPP: Purchasing Power Parity）とは，為替レートは2国間の通貨の購買力によって決まるとの説である．ある時点で，国際間で同質的な財に異なる価格が付いていたら，安いところで購入，高いところで売却する動きが起き，価格は均一になる．これが一物一価の法則（law of one price）である．一物一価の法則が成立すれば，為替レートは相互の通貨の購買力で定まることになり，以下の式で均衡する．

　　　$P = S \cdot P^*$
　　　P：自国財の価格　　P^*：外国財の価格　　S：為替レート

　この式は「絶対的購買力平価説」といわれる．当然のことながら，この式が成立するためには，すべての財やサービスが自由に貿易されねばならないので，厳密には成り立ち得ない．また，貿易財だけでなく，非貿易財も各国には存在する．さらに，輸送費用や関税，通貨の交換などの費用，資本規制もあるので非現実的である．

　そこで，2国間の物価上昇率の差に着目する「相対的購買力平価説」が有用となる．物価変動が2国間で異なるとき，新しい為替レートは，新為替レート＝旧為替レート×（自国のインフレ率÷相手国インフレ率）で求められる．

15-2　マネタリー・アプローチ

　マネタリー・アプローチは，購買力平価説により，為替レートが通貨市場と財（生産物）市場の均衡により決定されると考える．購買力平価説は以下の式

で表すことができた.

$$S = \frac{P}{P^*}$$

貨幣供給量を M, 所得を Y, 名目金利を i とすると, M は, Y, i の関数で, $\frac{M}{P} = L(Y, i)$. すると, $P = \frac{M}{L(Y, i)}$ になる.

外国も同様に考え, 区別するために * を付すと, 以下の式が成立する.

$$S = \frac{M}{M^*} \cdot \frac{L^*}{L}$$

為替レートは, 相対的な通貨供給と相対的な通貨需要で決まることが理解できる. このアプローチは資産（アセット）市場における資産ストックに対する需給に注目しており, 後述するポートフォリオ・バランス・アプローチとともに, アセット・アプローチとも呼ばれる. このうちマネタリー・アプローチは, 資産市場の中でも通貨市場に注目していると考えられる.

式をやや厳密にし, 対数に変換しよう. 実質通貨需要を所得（増加関数）, 金利（減少関数）の関数とすると, $L = (Y, i) = Y^\phi e^{-\lambda i}$ である. ただし, ϕ は所得弾力性, λ は利子セミ（半）弾力性, e は自然対数の底である. 通貨需要の所得弾力性は, 通貨需要の変化率／所得の変化率で, $\frac{dL/L}{dY/Y} = \frac{dL}{dY}\frac{Y}{L}$ $= (\phi Y^{\phi-1} e^{-\lambda i}) \frac{Y}{Y^\phi e^{-\lambda i}} = \phi$, 同じく利子半弾力性は, $\frac{dL/L}{di} = \frac{dL}{di}\frac{1}{L}$ $= (-\lambda Y^\phi e^{-\lambda i}) \frac{1}{Y^\phi e^{-\lambda i}} = -\lambda$ となる. したがって, いずれも対数で表記すると, $s = p - p^*$, $m - p = \phi y - \lambda i$, $m^* - p^* = \phi y^* - \lambda i^*$ となり, $s = (m - m^*) - \phi(y - y^*) + \lambda(i - i^*)$ となる.

このアプローチにも問題がある. 購買力平価説をベースにしているので, 同じ問題をそのまま受け入れねばならず, 長期的にはともかく, 短期的な為替レートの分析としては妥当性を欠くことが証明されている.

15-3 カバー付き金利平価とカバーなし金利平価

購買力平価説とマネタリー・アプローチは，財市場から為替レートを分析している．しかし，資産（アセット）市場から為替レートを分析する必要性が指摘されてきた．

円とドルで考える．1円を円で運用すると仮定する．該当期間の金利を$i \times 100$%とすると，期間後の元利合計は$(1+i)$円である．一方，1円をドルで運用して，先渡契約を結び円に戻すと元利合計は，$\frac{f}{s}(1+i^*)$になる．ただし，sは直物為替レート（spot exchange rate），fは先渡契約・履行の際に適用される為替レート（forward/future exchange rate），いわゆる先物為替レートである．

すると，

$$(1+i) = \frac{f}{s}(1+i^*)$$

$$\frac{f-s}{s} = \frac{i-i^*}{1+i^*}$$

ここで$\frac{f-s}{s} \cdot i^*$が微小であると仮定すると（現実を考えればさほど違和感はない），$\frac{f-s}{s} = i-i^*$が成立する．これをカバー付き金利平価の条件と言う．$\frac{f-s}{s}$がプラスの場合を先物プレミアム，マイナスの場合を先物ディスカウントと呼ぶ．引き続き円とドルのケースで考えれば，円金利が対価となるドル金利より高いときの先物為替レートは円高（ドル安）になる．

先渡取引を行わない場合，満期の直物為替レートは予想直物為替レートを充てることになり，fがs^e（直物為替レートの予想）となる．これをカバーなし金利平価の条件と言う．$(1+i) = \frac{s^e}{s}(1+i^*)$から同様に，$\frac{s^e-s}{s} \cdot i^*$が微小であると仮定すると，$\frac{s^e-s}{s} = i-i^*$となる．これがカバーなしの金利平価の条件

式である.

カバーなしの金利平価が成立するためには，投資家がリスク中立的でなければならない．もし投資家がリスク回避的であれば，リスク・プレミアムが発生し，その存在はカバーなし金利平価からの乖離を生む．もし成立するならば，自国通貨建て債券と外貨建債券を完全な代替物としてとらえていることになる．

15-4　ポートフォリオ・バランス・アプローチ

ポートフォリオ・バランス・アプローチは，通貨取引から利益を得る行動において，為替リスクを回避するために採る，ポートフォリオを考慮する行動に焦点を当てる．

ポートフォリオ・バランス・アプローチは，通常，金利平価をベースとする．また，マネタリー・アプローチが通貨市場と財市場に注目したのに対し，通貨市場のみに注目する．さらに，マネタリー・アプローチはマネーストック，GDP，金利，物価などに注目するのに対し，ポートフォリオ・バランス・アプローチは主に金利，リスク・プレミアムに注目する．

$$i-i^*-\frac{s^e-s}{s}=\left(i-i^*-\frac{f-s}{s}\right)-\frac{s^e-f}{s}$$

左辺はカバーなし金利平価からの乖離，右辺の（　）はカバー付き金利平価からの乖離，第2項はリスク・プレミアムである．リスク・プレミアムは，リスク回避的な投資家が，よりリスクの高い資産を保有することで要求する追加的な収益と考えればよい．

15-5　為替レートの動向

為替レートは大きく動いてきた．1985年のプラザ合意後には急激な円高が発生した．その後，円高の影響を緩和するための金融緩和がバブル経済を生んだ．しかし，1990年にバブルが崩壊，1995年には激しい円高となった．その後，日本経済の低迷，原油高などの影響で円安に転じ，2000年から2007年にかけ為替レートは安定した．

2008年には米国のサブプライム問題や欧州の通貨危機により，当面は安定的

とみられる円に資金が集中したことが原因で，再び大きな円高が発生し，その傾向は2012年まで止まらなかった．

　2012年末に誕生した安倍内閣は，大胆な金融緩和を打ち出し，日本銀行は2013年にかつてない量的・質的金融緩和を行った．この効果により為替レートは円安基調に変わることになった．

第16章
国際収支

16-1 国際収支（balance of payment）とは

　国際収支とは「一定期間（四半期，半年や1年など）における，特定の経済圏（国が多い）とそれ以外の経済圏（国）との間の経済取引を，定められた方式で計上したもの」と定義され，記載方法が国際的に取り決められている．主要項目は以下である．

1）経常収支（current account）

　貿易収支（trade balance），サービス収支（輸送，旅行，金融，特許等使用料など），第一次所得収支（対外金融債権・債務から生じる利子・配当金など），第二次所得収支（対価を伴わない資産の提供に係る収支）の合計．それぞれ，収入が支出より多い場合が黒字，少ない場合が赤字になる．なお，旅客輸送は旅行ではなく輸送に計上される．

　1960年以降，年単位で経常収支が赤字であったのは，1961，1963，1967，1973，1974，1975，1979，1980年であり，それ以外は黒字を計上している．しかし，黒字幅は減少している．項目では，貿易収支の赤字が目立つ．2011年以降，赤字となったが，2016年は黒字に戻った．赤字化の原因としては，欧州債務危機，東日本大震災（2011年3月11日）などの影響で輸出が減少したこと，原子力発電の代替のために石油やLNGの輸入が増加したこと，輸入価格の上昇率が輸出価格のそれを上回っていたこと（交易条件の悪化）などがあげられる．

2）資本移転等収支（capital account）

　対価の受領を伴わない固定資産の提供，債務免除の他，非生産・非金融資産の取得処分等である．

3）金融収支（financial account）

　金融資産にかかる居住者と非居住者間の債権・債務の移動を伴う取引の収支

表 16-1 日本の国際収支

(単位:億円〔暦年〕)

	2000	2005	2010	2016
経常収支	140,616	187,277	190,903	206,496
貿易収支	126,983	117,712	95,160	55,793
サービス収支	−52,685	−40,782	−29,513	−9,748
第一次所得収支	76,914	118,503	136,173	181,360
第二次所得収支	−10,596	−8,157	−10,917	−20,908
資本移転等収支	−9,947	−5,490	−4,341	−7,430
金融収支	148,757	163,444	222,578	288,991
直接投資	36,900	51,703	62,511	145,548
証券投資	38,470	10,700	132,493	305,037
金融派生商品	5,090	8,023	−10,262	−16,725
その他投資	15,688	68,456	−89	−139,089
外貨準備	52,609	24,562	37,925	−5,780
誤差脱漏	18,088	−18,343	36,017	89,925

出所) 財務省.

であり,具体的には直接投資,証券投資,金融派生商品,その他投資及び外貨準備増減の合計である.外貨準備は通貨当局が介入を含む対外的な支払いに充てる外貨,資産で,日本の場合,外貨(ドルが多い),金,リザーブトランシェ(IMFからクォータ額を限度として無条件に引出せる借入枠),SDRである.この増減の大部分は,外国為替市場での介入により発生する.通貨当局が円を売り(買い)外貨を買う(売る)と外貨準備は増加(減少)する.

上記により,国際収支統計に関わる恒等式は,下記になる.

経常収支＋資本移転等収支－金融収支＋誤差脱漏＝0

経常収支が黒字の場合,「儲かっている」「よい」といったイメージを持つとしたら,それはときに誤りである.財・サービスと資本の動きはまさに表裏の関係である.輸出が輸入を上回っているのは,海外に貸付を行っているからで,現在の消費を一部断念して将来の消費を充実させることを意味している.米国は経常収支が赤字であるが,それは現在の消費を行い,将来は負債の返済をすることである.

なお，貿易統計では輸出を FOB 価格，輸入を CIF（Cost, Insurance and Freight）価格で表示するのに対し，国際収支統計ではいずれも FOB（Free on Board）で表示する．相違が発生する理由は，貿易統計はその計上範囲を「関税境界を通過した貨物」としているのに対し，国際収支統計は「居住者と非居住者との間で所有権が移転した財貨」としていることによる．また，IMF の定義では，外国投資家が，対象国内企業の発行済み株式総数の10％以上を取得した場合，それを直接投資とする．

16-2 弾力性（elasticity）アプローチ

弾力性アプローチは，主に為替レートの変化（感度）が経常（貿易）収支に与える影響を，輸出入先での需要の価格弾力性に注目して分析するアプローチである．

弾力性アプローチの長所としては，企業行動などミクロ的な分析が可能になることである．それに対してマクロ的な分析，例えば経常収支の変化が生産活動，ひいては為替レートに与える影響など長期的な分析には不向きとなる．

ここでマーシャル・ラーナーの条件について説明する．

日本と米国の2カ国を考え，それぞれ輸出国通貨建てで取引を行っているとする．自国通貨で表した経常収支を BC，輸出金額を EX，輸入金額を IM，実質為替レートを ε とすると，

$$BC = EX(\varepsilon) - \varepsilon IM(\varepsilon)$$

実質為替レートが1％円高（安）になると，輸出の価格弾力性（日本よりの輸出品の米国市場価格が1％上昇（低下）したとき輸出数量が何％減少（増加）するか）を q とすると，円表示の輸出金額は q％減少（増加）する．輸入の価格弾力性（米国よりの輸入品の日本市場価格が1％下落（上昇）したとき輸入数量が何％増加（減少）するか）を q^* とすると，円表示の輸入金額は $(1-q^*)$％減少（増加）する．円高（安）が日本の貿易収支（円表示）を悪化（改善）させるのは，輸出金額の減少（増加）が輸入金額の減少（増加）を上回る場合である．

その条件，$q>(1-q^*)$ は，$q+q^*>1$ と変形できる．すなわち「輸出入の弾力性の和が1より大きい場合に，為替レートは経常収支の調整に役立つ」ことになる．これがマーシャル・ラーナーの条件と言われるものである．

式で説明する．p^* を外国の物価水準，p を国内の物価水準，e は名目為替レート，実質為替レートを ε とすれば $\varepsilon = ep^*/p$ である．実質経常収支 BC は，EX を輸出量，IM を輸入量としたとき，実質為替レートは ε の関数で，

$$BC = EX(\varepsilon) - \varepsilon IM(\varepsilon)$$

実質為替レートの変化が経常収支に与える影響を求めると，以下の式になる．
$dBC/d\varepsilon = dEX/d\varepsilon - IM - \varepsilon dIM/d\varepsilon = IM[dEX/(IMd\varepsilon) - \varepsilon dIM/(IMd\varepsilon) - 1]$．
ここで初期状態においては，経常収支をゼロ（$EX = \varepsilon IM$）とすると，
$dBC/d\varepsilon = IM[(dEX/EX)/(d\varepsilon/\varepsilon) - (dIM/IM)/]d\varepsilon/\varepsilon) - 1] = IM(q^* + q - 1)$．
q^* は自国輸出の為替レート弾力性 $(dEX/EX)/(d\varepsilon/\varepsilon)$，$q$ は自国輸入の価格弾力性 $(-dIM/IM)/(d\varepsilon/\varepsilon)$ である．実質為替レートの減価によって実質経常収支が黒字化する条件は，$q^* + q - 1 > 0$ である．

次に J カーブ効果についても触れておく．日本の経常収支は，以下の式で表すことができる．式中の記号は以下の説明で用いる．

$$BC = 輸出価格(1) \times 輸出数量(2)$$
$$- 輸入価格(3) \times 為替レート(4) \times 輸入数量(5)$$

上式の輸出価格，為替レートは円建て，輸入価格はドル建てである．ここで円安になったと仮定する．(1)，(3)の値は変化しないとする．事実，価格の調整には一定の時間を要する．その他の値については，円安を仮定したので(4)の数値が大きくなる．消費の慣性，中長期的な契約の存在などから輸出入数量(2)(5)は短期的には変化しない．貿易には一定の手続きが必要で，為替レートや価格の変化が大きくない限り，取引関係を短期的に変えるケースは少ない．すると，経常収支は一時的に赤字になる．しかしその後は，円安により輸出(2)の増加，輸入(5)の減少が起こる．そして経常収支は黒字の方向に向かう．図16-1 はその様子を表していて，J カーブ効果と言われる．

最近では1996年の円安時に J カーブ効果が発生したと言われている．また，自国通貨高が起こった際に黒字が増える現象を逆 J カーブ効果と言うが，最近では，1990年代初頭に起こったとの見方がある．

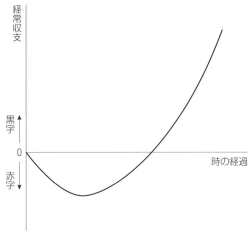

図16-1　Jカーブ効果

16-3　国際収支の動向

　1960年代から日本は高度成長に入った．軽工業から組立て型の産業，重化学工業へ産業構造がシフトし，輸出が拡大，貿易黒字が増加した．一方，特許権や運賃，保険料の支払が増加，サービス収支の赤字が増加，経常収支は赤字であった．やがて貿易収支の増加とともに経常収支は黒字になったが，石油ショックによる原油価格の高騰，変動相場制移行による円の切上げにより輸出が減少，1973年から1975年にかけ再び経常収支は赤字になった．これと類似した現象は，1979年に起こった第二次石油ショックの際にも起こった．

　1980年代に入ると日本の国際競争力が増大した．レーガン政権下で米国金利の上昇にともなうドル高が起こったとき，日本の輸出は増加して経常収支は黒字になった．その後プラザ合意による円高が起こるが，輸出へのマイナスの影響は一時的なものであった．

　1999年から2001年にかけては日本の経常収支の黒字が減少した．それまでは国内景気が拡大すると需要の拡大を通じて輸入が増え，経常収支の黒字が縮小，国内景気が後退すると輸入の減少を通じて経常収支の黒字が拡大することが一般的であった．しかし，この間の経常収支黒字の縮小の動きは，景気の減速下で起こった．この背景としては，国内景気の減速による輸入の減少を，世界経

済の低迷による輸出の減少が上回ったことがあげられる．経常収支の内訳としての貿易収支を見ると，自動車や科学光学機器の輸出が好調な反面，アジアへの現地生産の増加から，半導体など電子部品や事務用機器などの輸出が減少した．輸入はICT（第10章を参照）バブルの崩壊により半導体など電子部品や事務用機器が減少したが，繊維，食料品などは増加していた．

　2002年以降はさまざまな理由により経常収支の黒字は再び増加の様相を見せていたが，2007年を境に減少に転じ，2013年末から，2014年初頭にかけて赤字となった．貿易収支も2011年から2015年にかけて赤字となった．これには，世界的な景気低迷で米国やアジア向けの自動車，半導体輸出が減少したこと，石油などエネルギー資源の輸入価格の上昇などがあげられる．しかし，2016年は経常収支，貿易収支とも黒字となった．原油安，輸入減，旅行収支と知的財産権等使用料の黒字などが原因である．

第17章
オープン・マクロ経済学（開放マクロ経済学）

17-1 開放経済下の金融政策と財政政策

オープン・マクロ経済学とはそれぞれの国に存在するマクロ変数を用いて，金融・財政政策（monetary and fiscal policy）やその変動を国際的な相互依存関係の中で分析する経済学の一分野である．経済のグローバル化の状況を考えれば現実的な妥当性が高く，重要なアプローチとして認められている．もちろん，閉鎖経済下を前提にした議論をすることが否定されるものではない．

すでに金融緩和の効果について述べたが，対象としたのは閉鎖経済（対象とするのは1つの国）の状況であった．それがオープンな形（多国間）になると，どのような効果をもたらすのか，経済活動のグローバル化を考えれば，現実的な課題である．金融緩和政策で金利が低下すれば，一般的には企業の設備投資や消費者の購買意欲を高める．ここまでは閉鎖経済下と同様であるが，開放経済下で海外に比べて金利が低下すれば，資本流出が起こり円安を招く．円安になると一般に日本の輸出拡大を招くので，国内はもとより対外的な側面においても景気のプラス効果をもたらす．ところが日本の円安による輸出拡大は海外の景気を冷却させ，海外から非難されることがある．国内においても生活必需品を含む輸入品の価格上昇などを招くこともある．

同じく，財政拡張政策は，対外的な側面においてはどのような効果をもたらすのだろうか．国内のみを考えれば景気が拡大しても，グローバル経済下では，金利が上昇して資本流入と円高を引き起こすことが考えられる．輸入拡大を通じて国内は景気後退，国外は景気上昇する可能性がある．

何を優先して何を犠牲にするのかは，国際経済の世界では特に重要な課題である．

17-2　IS・LM分析

マクロ経済学の主要な考え方である，IS・LM分析について説明する．変動相場制および固定相場制下での財政，金融政策についてもあわせて説明する．

A. IS曲線

生産物市場での財の均衡を表す曲線である．Yを国民所得，Cを消費 (consumption)，I (investment) を投資，Gを政府支出 (goverement expenditure)，rを利子率 (interest rate) とすると，財市場の均衡式は，

$$Y = C(Y) + I(r) + G$$

両辺からCを差し引くと，

$$Y - C(Y) = I(r) + G$$

になる．左辺は貯蓄 (saving) で，それをSとすると，

$$Y - C(Y) = S(Y)$$
$$S(Y) = I(r) + G$$

所得が増えると貯蓄が増加する．財市場で均衡が成立するためには，投資が増えねばならない．そのためには金利が下落しているはずである．ゆえに，rとYをそれぞれ縦軸，横軸にとりグラフを描くと右下がりになる．この曲線は上で説明したようにSとIとの関係をYとrとのグラフで示したものであり，IS曲線と呼ばれる．

式で表す．投資関数は，利子率の減少関数として，

$$I = I_0 - ar \quad (ただし，I_0 > 0,\ a > 0)$$

とする．消費関数はC(消費)$= C_0 + cY$とする．C_0は基礎消費であり，所得がなくても必要な消費，cは限界消費性向 (marginal propensity to consume) と呼ばれ，新たに増加した所得のうち消費に回る割合であり$0 < c < 1$となる．前述した$Y = C + I + G$へ代入すると，

$$r = \frac{C_0 + I_0 + G}{a} - \frac{1-c}{a}Y$$

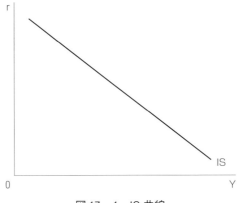

図 17-1　IS 曲線

となる．IS 曲線の傾きは，投資の利子率への反応が大きいほど，限界消費性向が大きいほど，緩やかになる．図17-1 が IS 曲線である．

B．LM 曲線

金融資産市場の均衡を表す．L は流動性（liquidity），M は通貨（money）を表す．通貨の供給量（マネーストック）が，中央銀行によって制御可能であると考える．また所得が増えれば通貨需要（取引動機）が増加すると想定する．利子率が上昇すると債券などに投資する方が有利となり，通貨需要は減少する（投機的動機）．なお，通貨需要は，取引動機，投機的動機の他，予備的動機があげられるが，それは以下の式からは省いている．

$$\frac{M}{P} = L(Y, r)$$

左辺の M はマネーストック，P は物価を表し，左辺は実質通貨供給を表す．右辺の L は通貨需要関数で，通貨需要が GDP である Y と利子率 r により決定されることを示している．

さて，r と Y の関係はどうなるだろうか．所得が増加すると通貨需要が増加する．マネーストックに変化がなければ，通貨需要が減少せねばならない．そのためには金利の上昇が必要となる．したがって r と M の関係を示す LM 曲線は右上がりになる．

式で表そう．通貨需要関数を

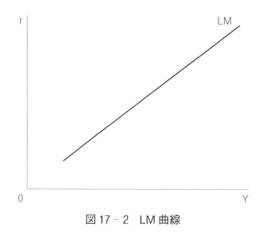

図17-2　LM曲線

$$L = L_0 + bY - dr \quad (ただし,\ L_0 > 0,\ b > 0,\ d > 0)$$

とする．通貨市場の均衡は $L = \dfrac{M}{P}$ だから

$$\frac{M}{P} = L_0 + bY - dr$$

で表すことができる．これを r について解くと，

$$r = \frac{b}{d}Y - \frac{L_0 - M/P}{d}$$

になる．これより，所得の増加にともなう通貨需要の増加が大きいほど，利子率の上昇にともなう通貨需要の減少が大きいほど，傾きは急になる．

図17-2はLM曲線を表している．

IS・LM曲線を同時に描くと図17-3のようになる．交点でマクロ経済は均衡する．

以下，IS・LM分析を用いて，金融政策，財政政策の効果を考える．

不況から脱出を図るための政策手段による金融政策として，通貨供給量Mを増加させる場合を想定する．IS曲線はMが含まれないから変わらない．LM曲線では式の両辺が均衡するためには通貨需要も増加しなければならない．そのためには同じYに対してrが減少するか，同じrに対してYが増加しな

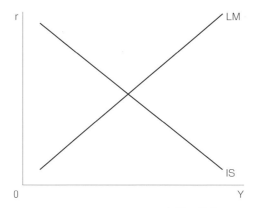

図17‐3 IS・LMによる経済の均衡

ければならない．ゆえにLM曲線は右下方にシフトする．

財政政策として政府支出Gを増加させた場合，すなわち，こちらも不況からの脱出を図るケースであるが，LM曲線はGが含まれていないので変わらず，IS曲線でYが増加するので，IS曲線の左辺のYを一定に保つためには，投資を減らすためrが上がる必要がある．したがって右上方にIS曲線をシフトさせる．ここでLM曲線が水平に近い場合（流動性の罠：金利が低くマネーストックを変化させてもLM曲線が実質変化しないような場合），財政政策の効果はあるものの金融政策の効果はあまりない．同様に，IS曲線が垂直に近ければ（投資が金利に反応しない場合），金融政策の効果は小さくなる．

次に，変動相場制（floating exchange rate system），固定相場制下（fixed exchange rate system）の両ケースについて，通貨市場も考慮して，金融政策，財政政策の分析を行う．通常，これがマンデル・フレミングモデルと言われる．ただし自国は小国で，国際的な資本移動が完全であり，金利は自国の経済状況でなく，大国（世界）の状況で決まると仮定する．

＜変動相場制下の財政政策＞

変動相場制下で財政拡大政策が採られたとする．図17‐4で，IS曲線は右上方にシフトする．これをIS′とする．すると経済はLM曲線とこのIS′の交点で均衡するが，これでとどまらない．金利が上がっているので自国通貨は増価（円高）する．すると輸出が減少しIS曲線はIS′からISへ戻る．金利水準は資産の完全移動が保証されていれば，自国と外国の水準が等しい元の水準に戻る．

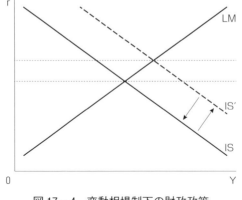

図17-4　変動相場制下の財政政策

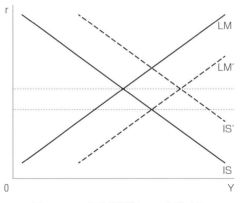

図17-5　変動相場制下の金融政策

したがって変動相場制下で拡張的な財政政策を行っても所得は最初の所得に戻ることになり効果はない．

<変動相場制下の金融政策>

　変動相場制下での金融政策の影響はどうか．ここでは金融緩和政策が採られたとする．図17-5に示すように，LM曲線が右下方にシフトし，LM曲線はLM′になり金利が低下する．すると通貨の減価（円安）が起こり，輸出が増加する．それによりIS曲線は右上へシフトする．これがIS′である．そして自国利子率と外国利子率が同じところで均衡する．このとき所得は増加している．

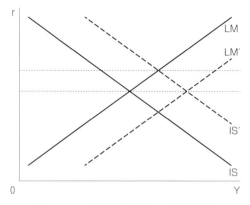

図17-6　固定相場制下の財政政策

このように変動相場制下での金融政策は，景気拡張という目的に対して有効な効果をもたらす．

＜固定相場制下の財政政策＞

現在，日本など先進国では変動相場制が採用されているが，固定相場制の場合についても説明する．変動相場制下とは全く異なる影響が出る．

図17-6で，固定相場制下で財政拡大政策が採られたとする．IS曲線は変動相場制の場合と同じく右上方にシフトする．これをIS′とする．これにより自国利子率に上昇圧力を与える．すると為替レートが増価する方向に動こうとする．しかし，為替レートは固定されている．そこで当局は自国通貨を売って外国通貨を買う介入を行う．すると通貨供給残高が増加するので，LM曲線は右下のLM′へシフトする．その結果，所得は増加する．このように固定相場制下では財政政策は有効に機能する．

＜固定相場制下の金融政策＞

図17-7で，LM曲線はLM′にシフトする．すると金利が下がり自国通貨は減価の方向に動く．しかし固定相場制下ではそれは認められない．そこで通貨当局は外国通貨を売って自国通貨を買う介入を行う．これは通貨供給残高の減少を意味する．すると所得が減ってLM′曲線はLMにシフトして戻る．固定相場制下での金融政策は所得に効果を及ぼさないことになる．

以上の議論を，結論だけまとめたのが表17-1である．

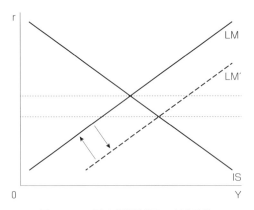

図 17-7 固定相場制下の金融政策

表 17-1 変動相場制・固定相場制下の財政・金融政策のまとめ

	財政政策	金融政策
変動相場制	無効	有効
固定相場制	有効	無効

[問題]

開放下のマクロ経済を考える．

$Y = C + I + G + CA$
$C = C_0 + 0.8Y$
$I = I_0 - 150r$
$CA = CA_0 - 0.2Y$
$M = 1.2Y - 300r$

ただし，Y：産出量，C：消費，I：投資，G：政府支出，CA：純輸出，r：金利，M：マネーストック，$C_0 \cdot I_0 \cdot CA_0$：定数とする．

均衡において純輸出が 5 の黒字であるとき，この黒字を解消するためにはマネーストックをどれだけ増やせばよいか．

第17章 オープン・マクロ経済学（開放マクロ経済学） *123*

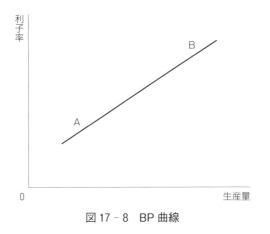

図17-8　BP曲線

[解答]

次の式を得ることができる．$Y=(C_0+I_0+G+CA_0)+\frac{1}{2}M$．$Y$を25増やさねばならないので，$M$を50増やせばよい．

　今までの議論では，資本の移動に規制のない，完全資本移動を前提としてきた．しかし，現実には何らかの規制も存在する．
　図17-8は，しばしばBP曲線（balance of payments curve）と呼ばれるもので，国際収支を均衡させる利子率（縦軸）と国民所得（生産量＝横軸）の組み合わせを表す線である．図17-8のAでは，生産量がBよりも劣っている．生産量は所得に比例し，所得の増加につれて輸入への需要が増加すると考えられるので，生産量が増加するにつれて，経常収支は悪化する．純輸出は貯蓄と投資の差に一致するので，生産量の増加に伴い，対外純投資も減少する．
　つまり，自国への投資が増加していなければならない．そのためには，自国債と外国債の比較において，自国債が魅力的，すなわち自国金利が上昇せねばならない．そのため右上がりになる．
　図17-9では，BP曲線をLM曲線より緩やかにしている．すなわち，利子率の変化に対する国際資本移動の感応度が通貨需要のそれより大きいと仮定している．資本移動が完全であるほど，水平になっていく．この曲線より右にあれば，利子率に対して生産量が多すぎるので，経常収支は赤字，左にあれば黒

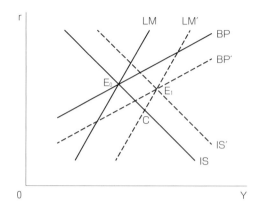

図17-9　資本移動が完全ではない場合の金融政策

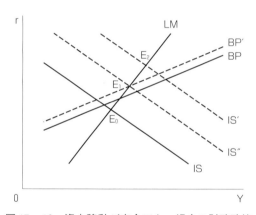

図17-10　資本移動が完全でない場合の財政政策

字になる．それぞれ，為替レートは経常収支の不均衡を解消するため，減価，増価が発生する．ここで，金融政策が行われたとしよう．図17-9を用いて説明する．

図17-9で，LMが右側へシフトすると，均衡点はE_0からCへシフトするが，Cは生産量に対して金利が低いので均衡しない．そのため自国通貨の減価が起こり，ISが右へシフトする．すると，BPは経常収支の改善により下方に移動し，均衡を表す金利は低くなる．その結果，新しい均衡点E_1で均衡する．すると，金融政策の効果も縮小することが理解できる．

次に財政政策を考える．

図17-10で，ISが右側へシフトすると，均衡点はE_0からE_2へシフトするが，E_2は生産量に対して金利が高いので均衡しない．そのため自国通貨の増価が起こり，ISが左へシフトする．BPは名目為替レートを所与とすると，経常収支の改善により，均衡を表す金利が低くなる．その結果，新しい均衡点E_1で均衡する．すると，金融政策の効果も縮小することが理解できる．

数 学 補 論

1. 微 分
微分（x の関数，a, m は定数）：$d(ax^m)/dx = amx^{m-1}$
偏微分（x, y の関数，a, m, n は定数）：
 x で偏微分（y を定数と考え x で微分する）

$$\partial(ax^m \cdot y^n)/\partial x = amx^{m-1} \cdot y^n,$$

 y で偏微分（x を定数と考え y で微分する）

$$\partial(ax^m \cdot y^n)/\partial y = anx^m \cdot y^{n-1},$$

最大，最小値の条件：微分値あるいは偏微分値＝0
全微分：$z = f(x, y)$ のとき，

$$dz = (\partial f/\partial x)dx + (\partial f/\partial y)dy$$

2. 対 数
$$log(A \cdot B) = logA + logB$$
$$log(A/B) = logA - logB$$

3. 条件付極大・極小
$\phi(x, y) = 0$ の条件下で，関数 $f(x, y)$ の極大・極小値を求めるには，
ラグランジュ関数 $L(x, y) = f(x, y) - \lambda\phi(x, y)$ とおき，
$\partial L/\partial x = 0$, $\partial L/\partial y = 0$, $\phi(x, y) = 0$ を解く．

4. 最小二乗回帰曲線
2 変数間の関係を $y = a + bx$
と推定し，測定データ値を，x_i, y_i ($i = 1, 2, \ldots, n$) とする．

$$S = \sum_{i=1}^{n}(y_i - a - bx_i)^2 \text{ とし,}$$

$$\partial S/\partial a = 0, \quad \partial S/\partial b = 0$$

を満たす a, b を求めると，与えられたデータを最もよく説明できる直線（回帰直線）が求められる．

a, b は次式で与えられる．

$$a = \bar{y} - b\bar{x}$$
$$b = \sum_{i=1}^{n}(x_i - \bar{x})(y_i - \bar{y}) / \sum_{i=1}^{n}(x_i - \bar{x})^2$$

ただし，

$$\bar{x} = (1/n)\sum_{i=1}^{n} x_i$$
$$\bar{y} = (1/n)\sum_{i=1}^{n} y_i$$

さらに進んだ学びのために

本書で扱わなかった分野，あるいはさらに高度な内容については，以下の書を参考にされたい．

阿部顕三・遠藤正寛（2012）『国際経済学』有斐閣.
天野明弘（1980）『国際金融論』筑摩書房.
天野明弘（1986）『貿易論』筑摩書房.
池田新介（2005）『自滅する選択』東洋経済新報社.
石川城太・椋寛・菊地徹（2013）『国際経済をつかむ（第2版）』有斐閣.
井手豊也（2015）『ビギナーのための国際経済学（改訂版）』晃洋書房.
伊藤元重（2005）『ゼミナール国際経済入門』日本経済新聞社.
伊藤元重（2015）『入門　経済学（第4版）』日本評論社.
岩本武和（2010）『国際経済学　国際金融編』ミネルヴァ書房.
上川孝夫・藤田誠一編（2012）『現代国際金融論［第4版］』有斐閣.
馬田啓一・木村福成編（2013）『国際経済の論点』文眞堂.
浦田秀次郎・小川英治・澤田康幸（2010）『はじめて学ぶ国際経済』有斐閣.
大川昌幸（2007）『コア・テキスト　国際経済学』新世社.
大野早苗・小川英治・地主敏樹・永田邦和・藤原秀夫・三隅隆司・安田行宏（2007）『金融論』有斐閣.
大山道広（2015）『国際経済学』培風館.
岡村秀夫・田中敦・野間敏克・播磨谷浩三・藤原賢哉（2017）『金融の仕組みと働き』有斐閣.
小川英治（2002）『国際金融入門――経済学入門シリーズ』日本経済新聞社.
小川英治・川崎健太郎（2007）『MBAのための国際金融』有斐閣.
小川英治・岡野衛士（2016）『国際金融』東洋経済新報社.
金井雄一（2014）『ポンドの譲位』名古屋大学出版会.
釜江廣志・皆木健男（2011）『金融・ファイナンス入門』同文社出版.
木村福成（2000）『国際経済学入門』日本評論社.
吟谷泰裕・髙屋定美・中野正裕・西山博幸（2006）『国際化時代のマクロ経済』実教出版.
栗原裕（2003）『知への作法』有斐閣アカデミア.

栗原裕（2006）『経済学・宣言』学文社．
栗原裕（2015）『グローバル金融』晃洋書房．
栗原裕・打田委千弘（2006）『英語で学ぶやさしい経済』朝日出版社．
小林照義（2015）『金融政策』中央経済社．
小宮隆太郎・天野明弘（1972）『国際経済学』岩波書店．
佐々木百合（2017）『国際金融論入門』新世社．
澤田康幸（2004）『基礎コース　国際経済学』新世社．
清水順子・大野早苗・松原聖・川崎健太郎（2016）『徹底解説　国際金融』日本評論社．
白川方明（2008）『金融政策　理論と実際』日本経済新聞出版社．
高木信二（2011）『入門国際金融［第4版］』日本評論社．
髙屋定美編（2010）『EU経済』ミネルヴァ書房．
竹田陽介（2005）『コア・テキスト　国際金融論』新世社．
田中素香・岩田健治編（2008）『現代国際金融』有斐閣．
田中素香・長部重康・久保広正・岩田健治（2008）『現代ヨーロッパ経済［第3版］』有斐閣．
多和田眞（2005）『コア・テキスト　ミクロ経済学』新世社．
地主敏樹・加藤一誠・村山裕三（2012）『現代アメリカ経済論』ミネルヴァ書房．
中條誠一（2012）『現代の国際金融を学ぶ　理論・実務・現実問題』勁草書房．
橋本優子・小川英治・熊本方雄（2007）『国際金融論をつかむ』有斐閣．
深尾光洋（2010）『国際金融論講義』日本経済新聞出版社．
福田慎一・照山博司（2016）『マクロ経済学・入門（第5版）』有斐閣．
藤井英次（2006）『コア・テキスト　国際金融論』新世社．
藤木裕（2016）『入門テキスト　金融の基礎』東洋経済新報社．
藤田誠一・小川英治編（2008）『国際金融理論』有斐閣．
藤原賢哉・家森信善編（1998）『現代金融論講義』中央経済社．
藤原秀夫（2013）『マクロ金融経済の基礎理論』晃洋書房．
藤原秀夫・小川英治・地主敏樹（2001）『国際金融』有斐閣．
村本孜（2004）『グローバリゼーションと地域経済統合』蒼天社出版．
家森信善（2017）『マクロ経済学の基礎』中央経済社．
若杉隆平（2009）『国際経済学（第3版）』岩波書店．

索　引

⟨アルファベット⟩

AEC　91
AFTA　91, 92
AI　103
ANCOM　92
APEC　68, 92
ASEAN　91
BP曲線　123
CACM　92
CEFTA　92
CER　92
CIF　44, 111
DSB　67
EC　85
EEA　92
EEC　85
EMS　87
EMU　85
EPA　92
ERM　87
EU　68, 85, 92
FDI　71
FOB　44, 111
FRB　78
FTA　69, 92
GATS　66
GATT　4, 64-68, 92
GDP　1, 103
ILO　69
IMF　4, 94, 110
IoT　103
IS曲線　116
Jカーブ効果　112
LM曲線　117
M&A　71
NAFTA　68, 92
NIEs　91
ODA　73, 74
RCEP　69
RTA　69
SAPTA　92
SDR　93
TPP　68
TRIPS　66
WTO　4, 66-68, 92, 97

⟨ア　行⟩

アジア通貨危機　93, 100
アセット・アプローチ　105
アベノミクス　102
イエレン　83
域内市場白書　85
異次元緩和　102
インボイス　43, 44
ウルグアイ・ラウンド　65
オープン・マクロ経済学　115
オッファー曲線　33
オバマ大統領　83

⟨カ　行⟩

価格差別化　40
価格消費曲線　12
可処分所得　1
寡占　58
カバー付き金利平価　106
カバーなし金利平価　106
可変費用　12
関税同盟　85
完全競争　38
機会費用　24, 26
窮乏化成長　37
供給曲線　12
金融・財政政策　115
金融収支　109
金融政策　120
クールノー・ナッシュ　59, 60
グリーンスパン　79

グリーンフィールドFDI　71
クリントン大統領　79, 80
グルーベル＝ロイド　42
経済成長　36
経常収支　7, 109
限界代替率　9, 30
限界費用　13
高度成長　1
購買力平価説　104
国際収支　109
固定相場制　93
固定費用　12

〈サ　行〉

サービス貿易　6
最恵国待遇　64
財政政策　119
最適関税　50-52
最適通貨圏　88
サブプライム問題　81, 107
産業内貿易指数　42
市場供給曲線　17, 18
市場需要曲線　17, 18
市場統合　85
資本移転等収支　109
資本集約財　4, 5
需要曲線　8
消費者物価指数　101, 102
消費者余剰　19
食料自給率　75
食料・農業・農村基本法　76
信用状　43
スタグフレーション　78
ストルパー・サミュエルソン　33
生産可能性フロンティア　25, 30
生産者余剰　19
石油ショック　113
絶対優位　23
絶対劣位　23
攻めの農業　77
戦略的貿易政策　58
操業停止点　16

総費用　13
損益分岐点　15

〈タ・ナ行〉

タイ　94
単一欧州議定書　86
弾力性　111, 112
長短金利操作付き量的・質的金融緩和　103
直接投資　70, 72, 74, 110
貯蓄率　1, 2
通貨危機　93
通貨統合　87
ドーハ・ラウンド　68
独占　14, 38, 56
独占的競争　41
トランプ　83
内部留保　103

〈ハ　行〉

バーナンキ　81
パウエル　84
パネル　67, 68
バブル　99
比較生産費説　23
比較優位　24
ビッグデータ　103
不完全競争市場　38, 56
ブッシュ(jr.)大統領　80, 83
ブッシュ(sr.)大統領　79
船積書類　43
船荷証券　43
プラザ合意　6, 79, 99, 107
ブラックマンデー　79
不良債権　100, 101
ブレキジット　89
平均可変費用　12
平均固定費用　12
平均費用　12
閉鎖点　16
ヘクシャー・オリーン　27
変動相場制　119
貿易依存度　4

貿易政策　46, 58
貿易取引　43
貿易の三角形　30
ポートフォリオ・バランス・アプローチ
　　105, 107
保険証券　43
ボルカー　78

〈マ　行〉

マーストリヒト条約　85
マイナス金利　102
マクドゥーガル　71
マッキノン　88
マネタリー・アプローチ　104, 106
マンデル　88
無差別曲線　8, 9
メルコスール　68

〈ヤ　行〉

ユーロ　87, 89
輸出自主規制　4
輸出補助金　54
輸入関税　47
輸入数量制限　53, 56
要素価格　29
予算制約線　9, 10

〈ラ　行〉

リーマンショック　81
リカードー　23
リプチンスキー　33
量的緩和策　101
ルーブル合意　79
レーガン大統領　78
レオンティエフ　33, 35
労働集約財　2
ローカルコンテンツ　4

《著者略歴》

栗原　裕（くりはら　ゆたか）

名古屋市生まれ．
神戸大学大学院博士後期課程満期修了退学．
光陵女子短期大学国際教養学科専任講師，助教授を経て愛知大学助教授，教授，学部長（2007〜2011），名古屋図書館長（2014〜2016）．日本金融学会常任理事，グローバル人材育成教育学会理事，名古屋大学高等研究院客員研究員，メディア教育研究センター客員研究員，中部大阪商品取引所市場取引監視委員会委員などを歴任．

著書

『現代金融論講義』（分担執筆，中央経済社，1998年），『EU 通貨統合の深化と拡大』（中日出版社，2000年），『知への作法』（有斐閣アカデミア，2003年），『グローバル時代のビジネス・政策デザイン』（有斐閣アカデミア，2004年），『英語で学ぶやさしい経済』（共著，朝日出版社，2006年），*Global Information technology and Competitive Financial Alliances*（共編著，Idea Publishing Group，2006年），『経済学・宣言』（学文社，2006年），*Encyclopedia of E-Commerce, E-Government, and Mobile Commerce*（分担執筆，Idea Publishing Group，2006年），*Information Technology and Economic Development*（共編，IGI Global，2007年），『グローバルエコノミクス・宣言』（学文社，2009年），『EU 経済』（分担執筆，ミネルヴァ書房，2010年），『グローバル金融』（晃洋書房，2015年）など．

グローバル経済

| 2018年2月20日　初版第1刷発行 | ＊定価はカバーに表示してあります |

著者の了解により検印省略	著　者　栗　原　　　裕　Ⓒ
	発行者　植　田　　　実
	印刷者　江　戸　孝　典

発行所　株式会社　晃洋書房

〒615-0026　京都市右京区西院北矢掛町7番地
電話　075(312)0788番(代)
振替口座　01040-6-32280

カバーデザイン　㈱クオリアデザイン事務所　印刷　㈱エーシーティー
製本　㈱藤沢製本

ISBN978-4-7710-2973-6

JCOPY 〈(社)出版者著作権管理機構　委託出版物〉

本書の無断複写は著作権法上での例外を除き禁じられています．複写される場合は，そのつど事前に，(社)出版者著作権管理機構（電話 03-3513-6969, FAX 03-3513-6979, e-mail: info@jcopy.or.jp）の許諾を得てください．